基金项目资助

2012 年度国家社会科学基金一般项目《新生代农民工犯罪问题研究》
（批准号：12BFX054）

2012 年度教育部人文社会科学研究一般项目《社会种群整合与暴力理论与我国新生代农民工的反社会（暴力）行为研究》
（批准号：12YJA840011）

A STUDY ON CRIME OF NEW GENERATION
MIGRANT WORKERS IN CHINA

新生代农民工
犯罪问题研究

金 诚◎著

人民出版社

专家推荐

　　金诚教授的著作，极大地发展了中国农民工犯罪和暴力这一重要社会问题的知识。此书的开创性，不仅体现在实证研究，收集了他们自我违法报告的资料，而且也体现在理论上，寻求解释新生代农民工为什么会犯罪。本书适用于那些关注于理解中国社会问题，致力于减少这些社会问题的学者和政府决策者们。

戴维 P. 法林顿

博士、英国剑桥大学心理犯罪学教授

2013 年犯罪学斯德哥尔摩奖获得者

Jin Cheng's book greatly advances knowledge about the important social problem of crime and violence by migrant workers in China. His book is path-breaking not only empirically, in collecting information about their self-reported offending, but also theoretically, in seeking to explain why they offend. This book should be required reading for scholars and policy makers who are concerned to understand and reduce this pressing social problem in China.

David P. Farrington

Emeritus Professor of Psychological Criminology

Cambridge University, England

Winner of the Stockholm Prize in Criminology in 2013

金诚教授开展的关于青少年犯罪和新生代农民工暴力问题的研究，对理解并解释中国社会快速转型问题，是一项非常重要的科学贡献。关注这些社会问题的发展是必要的，可以预防和避免年轻人，尤其是新生代农民工群体的社会分化。

威廉·黑特姆

博士、教授、德国比勒费尔德大学冲突和暴力跨学科研究所前所长

The research by Prof. Jin Cheng on the topic of juvenile delinquency and violence of new-generation migrant workers is a very important scientific contribution to understand and to explain what happens in the rapid transformation of the Chinese society. It is necessary to observe these developments to have chances for prevention and to avoid social disintegration of young people, especially of young migrant workers.

Prof. Dr. Wilhelm Heitmeyer

former Director of the Institute for interdisciplinary Research on Conflict and Violence, University of Bielefeld, Germany

目 录

导　言

　　我国正处于社会转型的关键时期，社会矛盾交织，阶层冲突频发，社会风险集聚。犯罪问题尤其是流动人口犯罪的突显，使社会矛盾更趋显性化。根据国家统计局抽样调查结果，2013 年全国农民工总量 26894 万人，比上年增加 633 万人，增长 2.4%。其中，外出农民工 16610 万人，增加 274 万人，增长 1.7%；本地农民工 10284 万人，增加 359 万人，增长 3.6%。在外出农民工中，住户中外出农民工 13085 万人，增加 124 万人，增长 1.0%；举家外出农民工 3525 万人，增加 150 万人，增长 4.4%。其中，1980 年及以后出生的新生代农民工 12528 万人，占农民工总量的 46.6%，占 1980 年及以后出生的农村从业劳动力的比重为 65.5%[①]，新生代农民工成为当前我国流动人口的主体。笔者以浙江省若干所监狱的服刑罪犯为样本，以跨学科的研究视角，综合应用社会学、犯罪学、心理学、法学等多学科理论，采取定量和定性相结合的实证研究方法，通过揭示当前我国新生代农民工的犯罪现状，对新生代农民工以及其他身份群体罪犯的违法犯罪与暴力及其影响因素进行度量和分析，以验证社会分化理论对我国新生代农民工犯罪问题适用性及对其他身份群体的普适性这一理论假设，并期

　　[①]　引自国家统计局:《2013 年全国农民工监测调查报告》，http://www.stats.gov.cn/tjsj/zxfb/201405/t20140512_551585.html。

望通过该实证研究进一步修正和发展该理论。在此基础上，提出预防我国新生代农民工犯罪和暴力行为的对策建议。

通过西方学者所提出的关于移民犯罪理论，即社会分化理论和一般紧张理论的整合理论，采取定量和定性相结合的研究方法，对我国新生代农民工罪犯的地位认同、道义认同、情感认同与接受暴力规则的相关性开展研究，揭示我国新生代农民工违法犯罪和暴力行为的现状，科学解释导致新生代农民工犯罪和暴力行为的原因，以检验该理论在我国新生代农民工的适用性这一理论假设，修正并发展该理论模型。

通过消除制度性和非制度性歧视，为新生代农民工创造经济参与、社会参与和政治参与的平等机会，实现新生代农民工对自身的地位、道义和情感认同，引导该群体接受非暴力规则，有效地预防该群体的违法犯罪和暴力行为。该研究将对我国现阶段处于社会经济发展新常态下，积极探索一条具有中国特色的新型城镇化建设发展道路，努力实现新生代农民工的社会融入，具有一定的现实意义。

一、理论的选择

社会分化理论（Social Disintegration Theory，简称 SDT），是基于欧洲移民犯罪问题提出的，揭示移民身份认同与犯罪及暴力相关性的一个理论。该理论已经在欧洲的一些国家开展了相关的实证研究，并通过实证研究的验证，对该理论的三个维度变量进行不断的修正。关于新生代农民犯罪问题的研究，近年来，无论是国家宏观的政策层面，还是在学术理论研究层面，均将新生代农民工的社会融入作为重点关注和重点研究的问题。新常态下的新生代农民工的生存与发展，关系到我国新型城镇化建设，关系到我国未来若干年的发展和社会稳定。尤其是当前针对我国社会阶层贫富差距逐步拉大，基尼系数不断提高，社会阶层呈现固化，"一些贫困者从暂时贫困走向跨代贫困"[①]，即贫困出现代际传递之趋势的社会现状之下，对新生代农民工犯罪问题的研究显得更为重要和迫切。然而，目前国内对新生代农民工犯罪问题，缺乏较为系统的理论研究，尤其是在研究方法上缺乏科学、严谨的研究设计，导致新生代农民工犯罪问题的研究缺乏高质量的研究成果。西方国家移民的概念与我国新生代农民工这一流动人口群体的概念有差异，但是，两者在社会融入、歧视等许多指标上具有相似性和可比性，亦可将移民区分为国际移民和国内移民。这种概念和特征上的相似性和可比性，为我们借鉴国外研究移民犯罪的社会分化理论来研究我国新生代农民工犯罪问题，提供了逻辑前提。

二、研究的设计

方法是科学研究的前提。基于前述对我国新生代农民工犯罪问题的研究现状，本研究十分重视研究设计。本研究拟采取定量为主，定性为辅的实证研究方法。首先，是选择研究对象和样本。考虑到农民工群体比较分散，从事的行业多样化，居住地也比较分散，如果选择普通的农民工群体作为研究对象和样本，在问卷和抽样过程中，会遇到较多的困难。此外，根据文献综述，农民工被广泛地认为是一个犯罪率相对比较高的群体。但是，真正以农民工群体作为样本进行抽样问卷，其违法犯罪以及暴力行为的自我报告率估计会较低。缺少违法犯罪以及暴力行为的因变量等数据支持，很难取得理想的研究效果。因此，本研究拟选取浙江省属的不同类别

[①] 冯华：《一些贫者从暂时贫困走向跨代贫穷》，《人民日报》2015 年 1 月 23 日第 17 版，http://finance.people.com.cn/n/2015/0123/c1004-26435980.html。

的监狱进行抽样。在抽样中，为了开展对不同身份群体违法犯罪和暴力行为的比较研究，拟采取分层随机抽样的办法，即在不同的监狱中抽取所有身份的罪犯群体，包括本研究定义的农民工一代和新生代农民工。如此设计，一方面，具有可行性和可操作性，另一方面，样本的违法犯罪和暴力行为的自我报告率会符合研究设计的要求，有利于对影响新生代农民工以及其他群体犯罪的相关因素进行分析和比较。

其次，是关于量表的设计。量表的设计，要充分体现本研究的理论假设，又要体现本研究需要揭示的核心问题。量表的设计是十分复杂的工程，必须考虑到问卷的科学性和规范性。本研究的问卷，将以西方学者运用社会分化理论研究移民犯罪的量度为基础，同时借鉴国际上青少年违法犯罪自我报告量表（ISRD3），通过修改和完善，增加和调整若干自变量以及度量方法，以符合我国国情，并通过试测，对问卷的信效度进行不断地修正和检验，最终形成本研究的问卷调查表。此外，本研究也采取访谈、座谈会等定性研究方法，选取不同监狱的犯人，及监狱系统和公安系统的警察，按照预定的访谈提纲，进行深度访谈，以进一步分析通过定量研究得到的结论。

三、数据的分析

根据本研究的研究问题以及理论假设，首先是对各身份群体的差异性进行比较分析，即各身份群体在违法犯罪自我报告（犯人自我报告入狱前12个月的违法犯罪以及越轨行为）、暴力犯罪（犯人自我报告入狱的罪名）、暴力犯罪程度（犯人自我报告入狱暴力犯罪的刑期）以及累犯（犯人自我报告入狱的次数）等4种因变量。之后，再分别比较地位认同、道义认同和情感认同这三个维度的自变量的差异性。此外，特别比较外出农民工一代与新生代农民工在因变量和自变量方面的差异性，以验证新生代农民工是否比农民工一代在违法犯罪、暴力犯罪、暴力犯罪程度以及累犯率等更高的自我报告。同时，比较外出农民工群体与其他身份群体在这些因变量方面的差异性。

其次，对理论假设的三个维度指标，分别按整体及各身份群体，对自变量与因变量进行相关性分析。这一步，主要是分析各身份群体的违法犯罪、暴力、暴力程度以及重新犯罪的因素是否与理论假设中的这些维度指标存在相关性，从而甄别出哪些变量可以解释所有身份群体的违法犯罪或暴力犯罪，哪些指标只是与身份有关，以期建立整体和各身份群体的不同的理论模型。

最后，分别建立整体和各身份群体的线性回归模型。第一步，是将所有身份群体作为一个整体来看，建立三个维度有自变量与违法犯罪自我报告、暴力犯罪程度等线性因变量之间的回归模型。第二步，以不同的身份群体分别建立三个维度自变量与违法犯罪自我报告、暴力犯罪程度等线性因变量之间的回归模型。第三步，将针对农民工身份群体的部分自变量纳入分析，分别建立农民工一代与新生代农民工的三个维度自变量与违法犯罪及暴力犯罪程度等线性因变量的回归模型，并分析该回归模型是否存在代际的差异性。

根据上述三个步骤的分析，以验证本研究的理论假设，即社会分化理论所提出的三个维度变量，是否能够合理地解释我国外出农民工群体的违法犯罪以及暴力犯罪问题。新生代农民工是否比农民工一代报告更多的违法犯罪，在暴力犯罪、暴力犯罪程度及重新犯罪方面，是否存在着代际差异性？如果存在这些代际的差异性，之前设定的三个维度自变量中，哪些变量产生了显著性影响。同时，验证社会分化理论是否能够用来解释其他身份群体的违法犯罪和暴力，是否存在着具有普遍适用的自变量，可以解释所有身份群体的违法犯罪和暴力。此外，在分析过程中，通过对犯人和警察的深度访谈，以解释定量分析中的若干发现。根据上述的分析和讨论，纠正理论和实务界对农民工群体的"污名化"观点，同时提出对新生代农民犯罪以及暴力犯罪的干预措施以及促进其社会融人的若干政策建议。最后，对社会分化理论进行修正和发展，以建立适合于我国国情的理论模型。

第一章　理论借鉴

第一节　国际移民及犯罪问题的研究概述

一、国际移民研究的主要问题

关于现代国际移民的实证和理论文献可以分为三个方面：一是移民同化和移民转变当地社会程度的问题；二是移民的效益和成本、经济、社会和文化方面；三是移民后代特别是第二代移民的命运以及成功达到与本地人在社会和经济上平等的程度。上述三个问题中的每一个都包含了三组具有对立作用力的价值冲突或平衡：第一，移民流的规模和吸收这些移民的当地社会制度能力；第二，对外来劳动力的需求和本地人对其存在的抵制；第三，移民及其后代对成就的内驱力和不可阻挡的文化适应过程（Portes，2012）。除了大小规模的国际移民流外，还有一种被称之为"国内移民"现象，即中国大陆的流动人口及农民工问题。"现在有超过两亿人生活在其出生地以外的国家，更不必说在一些发展中国家，如印度和中国，成千上万地从农村移民到城市里，以中国为例，这些人的社会环境和法律地位在许多方面与跨境移民极其类似。"（Kasinitz，2012）。因此，相比"国际移民",我国新生代农民工可定义为"国内移民"。在当前,我国新生代农民工阶层正面对诸多社会问题,比如歧视问题、社会融合、与本地人的资源争夺以及新生代农民工及其后代的阶层流动等,这些隐性的社会矛盾很可能在一定的条件下激化,导致该群体实施违法犯罪甚至暴力行为。因而,我们不妨将"国际移民"问题作为镜子,折射出以新生代农民工为主体的"国内移民"现状和未来,为分析和研究我国新生代农民工犯罪和暴力行为提供有益的借鉴和启示。

二、国际移民的现状、特征及影响

(一)国际移民的基本状况

以美国为例,截至 2009 年,在国外出生的美国人口数达到 3850 万,即总人口的 12.5%。国内出生的人口在两次人口普查间增长了 7.3%,而国外出生的人口增长了 23.5%。从 2007 年开始,严重的经济衰退减缓了国外出生人口的流入。但即使如此,合法的移民迁移仍在继续,更重要的是没有明显的回流现象。在 2009 年,外国出生的人口占加利福尼亚州的 27%;纽约州的 21%;德克萨斯州的 16%;佛罗里达州的 19%。这四个州是接受移民最多的(Portes,2012)。从美国现有的非法移民及分布趋势看,目前在美国大约有 3800 万移民,其中 1100 万移民是没有经过法律授权的(Kasinitz,2012)。除了数量大量增长,在过去的 20 年里,移民问题已经成为美国的国家问题。在 20 世纪 90 年代之前,移民主要集中在个别州,而且大部分是集中在大城市地区。

在欧洲,每年大量的移民从工业欠发达国家向北美和西欧迁移。估计在今后的 15—20 年,大约 3%—5% 的东欧国家人口(已经加入欧盟)期望能迁移到西欧国家。预测移民人口规模有 190—390 万,其中大多数为

20岁或以下的青少年（Silbereisen，2008）。如今，德国的青少年呈现民族多样性特征，而这种现象是源于1949年以来德国出现的移民潮。在1960年代，德国处于经济繁荣时期，大量来自于东欧国家的移民，尤其是来自土耳其、南斯拉夫，以及南欧的移民纷纷地拥入德国。而到了1990年代，又一批来自伊拉克、南斯拉夫战区的难民进入德国。最近的一次大规模移民潮，则是因为一些社会主义国家的覆灭以及来自苏联和波兰的被遣返的移民。早在1950年代，这些被遣返的移民，是实实在在的德国原著民。这些移民，在他们的儿童时期作为被遣返者的子女，在异国他乡生活了将近四五十年。这些被遣返者虽说不是外国移民，但是他们到达德国后，与其他移民一样经历着身心的变化和社会的变迁（Baier and Pfeiffer，2008）。

（二）国际移民的社会影响

"移民对社会产生的影响，到底是一种负担，还是一种贡献？美国的研究表明，大规模的移民对国家产生适度的，但一般是积极的影响。移民并不会压制本国人民的工资报酬，并且从长远来看，虽然移民改变了美国的年龄结构，但是对国家财政的健康状况产生了积极有效的影响。移民还给国家的经济和文化创新带来了有利影响，在艺术、音乐和美食方面也有突出的贡献。移民显然涉及了成本和利益，这一点从国家的教育和医疗体系中可以看出。当利益全国性地积累时，这些成本通常是由移民聚居地来承担的。但是，这是一个财政运筹问题，需要将资源重新分配，而不是对移民采取限制措施。如果确实有证据证明这是移民所带来的消极影响，并影响到美国穷人和工薪阶级的经济福利，那么我会重新考虑是否继续对大规模移民的支持。然而，移民所带来的社会和文化利益相当显著，优秀的社会学家们也表明，目前没有证据可以证明移民会给社会带来消极影响，由此我对于移民表示明确支持。"（Kasinitz，2012）。

关于移民与社会变革的问题，一般在发达的西方，特别在美国，体系框架已经有足够的弹性和灵活性来面对这个挑战。一些体制和机制已经适应了对移入大量外国人口的需求，这些组织包括学校、法律制度、劳动力市场。但大体上，基本的社会支柱，包括价值规范系统和阶级结构仍被完整保留。所以，尽管美国移民如潮，但美国的价值被保留下来，移民到了美国之后，认同或者追随美国的主流价值观，移民自身的价值观和文化，并未对美国制度规则或者主流价值观构成根本性的威胁，这也是美国的移民制度或政策的优势。分析产生这一现象的原因，是因为大多数外来移民更愿意去适应现有的社会秩序而不是试图去改变它。那么，外来移民人口比例过高是否会产生一系列的社会问题？外来移民的"推力"只是在社会生活的表面迫使一些制度和结构上的转变，但很少超过这个界限。外来移民的转型能力是有限的，因为现存体系设法去吸收新人，并在必要时控制和限制他们的活动。还有，关于移民的成本和效益问题，我们不能纯粹地以国家的税收与公共服务消耗之比，来评估移民的成本和收益问题。关于移民的成本有三个方面：第一种是加剧了本地劳动者在劳动力市场的竞争，无论是低端的还是高端的；第二种是一般人群对越来越多外国人的出现产生不安感；第三种是由于缺乏法定权利使得非法人口更易接触到剥削、犯罪及其他社会问题（Portes，2012）。

以上研究表明，美国对移民的相对宽松政策，这是基于美国商业的利益。因此，这些干预措施已经将移民经济效益和社会成本间的均衡恢复到了可接受范围，保证了劳动力结构性变动的连续性。

三、国际移民犯罪问题

（一）移民犯罪总体状况

传统的观点认为，父母监管缺失、文化冲突以个体机制会滋生犯罪和暴力。外国出生的人，特别是非法移民应该为高犯罪率负责的错误观点深深地植根于美国人的公共观点中，并持续通过媒体轶事广为流传。持移民导致更多的犯罪的观点认为，一是人口转变与人口不稳定。它认为移民增加了犯罪率是通过增加有"犯罪倾向"的人口结构，提高人口所占的比例。二是劳动力市场结构和经济剥削。社会失范理论认为犯罪率会上升是因为社会变革改变了社会结构、有效社会化和约束行为的机制。人口的不稳定是导致社会混乱的因素之一。移民增高犯罪率与低教育程度的人口、边缘的劳动市场的技能以及糟糕的就业前景有关。移民认为通过合法手段来获得经济成功是暗淡的。三是非法药物市场。最近的犯罪趋势与非法毒品市场有关。20 世纪 80 年代可卡因市场的扩散造成的多变市场环境，导致更高的暴力犯罪率（Ousey and Kubrin，2009）。

但是，近二十年的文献却表明，在犯罪和暴力方面，移民与本地人一样，甚至更低。《美国国家法律观察与执行委员会报告（1931 年）》称，通过控制年龄和性别，外国出生的人要比本国出生的人更少实施犯罪，没有证据证明移民与增长的犯罪类型存在相关性。当时有些社会学家认为，移民身份本身与犯罪行为并不存在什么关系，但是由于移民通常居住在较差的环境中，移民的子女更多地接触违法或被害。对第二代移民而言，文化冲突以及下层的行为规范更容易导致违法行为。社会解组理论被认为是对移民违法与犯罪有力的解释，认为流动性是造成移民犯罪的主要原因（MacDonald and Saunders，2012）。2000 年美国司法研究所的评论认为："近一个世纪以来，对移民与犯罪的研究发现，移民总是比本地人实施更少的犯罪。"（Kubrin and Ishizawa，2012）。一个世纪以来，有关移民和犯罪的研究主要的发现是移民总是比当地人表现出较低的犯罪率。很显然，移民是否比当地人有更大的犯罪倾向的问题，其答案显然是否定的（Ousey and Kubrin，2009）。

数十年以来，学者们通过不同的样本，选取不同的时间区间，采取不同的研究方法，强有力地证明了移民要比美国本地人更少地参与犯罪和暴力。有些学者认为，20 世纪 90 年代以来的犯罪率下降，部分原因是缘于移民的增加。移民青年渴望从他们的移民身份中解脱出来，融入这种新的社会；与美国的青少年相比，移民青少年具有更低程度的违法和暴力性；较好的家庭控制和家庭责任可以直接地导致较低的违法可能性，但这也可以间接地降低移民青年犯罪与暴力的风险；在墨西哥青年的样本中，文化自适应性越好，越容易产生违法的风险；遵循同伴的行为规范，可以提供一种较强的归属感；相比非移民青年，移民青少年更会成人化，承担更多的成年人的责任，这样可以减少移民青少年与同伴的接触；如果当移民青年遇到同伴交往的风险的时候，这种对暴力行为的影响力，则要超过对非移民青年的影响（Dipietro and Mcgloin，2012）。持移民比当地人有更少犯罪的观点认为，一是移民是实现理想的群体，并不是犯罪群体。选择移民的，是积极向上的群体。二是正式的社会控制力增强。由于移民的增加，相应地增加了警力，从而导致该地区的犯罪率下降，一个常见的反映是巩固当地正式社会控制。三是社会资源和家庭结构的影响。"贫民区"可以作为抑制文化冲突和保留"旧世界"的非正式社会控制的保护功能（Ousey and Kubrin，2009）。

在芝加哥的研究中发现，第一代移民犯罪比本地人要低，第二代与第一代相似，到了第三代则要比本地人的犯罪率高。其原因是第三代移民融入美国社会，实现文化自适应后，导致犯罪率的上升。在对西班牙裔的调查中，发现了相似的结论（MacDonald and Saunders，2012）。个体层面的移民和犯罪的关系出现跨代减弱现象，也就是说移民孩子出生在美国表现出比他们父母更高的犯罪率，原因是一部分的"美国化"过程导致了犯罪和监禁的增加（Kubrin and Ishizawa，2012）。所以，移民子女在追求美国梦的过程中，会产生更多的犯罪，即社会融入反而会产生更多的犯罪。

上述研究，从微观层面已经发现了个体层面的移民犯罪率较低，但是这些发现并不能说明移居的过程在生态上不会对犯罪总体发生率产生了影响。移民会引起人口的、经济的以及社会结构的变化，而这些变化则会冲击整个犯罪率。这种情形看起来是可能的，即虽然从个体层面，移民的犯罪率要比本地出生的人低，而移民过程则会因扰乱正常的社会状况而导致犯罪的发生。近年来，有关对移民犯罪的宏观研究，主要是集中在社区层面。这些研究主要评估移民聚集的程度、规模与邻里犯罪率的关系，包括与犯罪相关的影响因素等（Kubrin and Ishizawa，2012）。

然而，之前有关德国移民的研究普遍认为，考虑移民的生活境遇，认为德国本地人在违法方面，要比移民群体有更低的报告率。一项研究证明，在过去的 12 个月中，德国本地人只报告 3 种违法行为，第一代移民却报告了平均 5 种违法行为，而德国裔移民与第二代移民平均报告了 4 种违法行为（Silbereisen，2008）。另有研究认为，非德国裔青少年，则有更高的暴力犯罪率。相比德国家庭，非德国裔的家庭条件要更差一些。非德国裔的男女青少年成为有暴力行为的同伴成员的可能性要远远高于德国青年（Baier and Pfeiffer，2008）。

所以，尽管在美国的移民社区中仍存在"下向流动"和"下向同化"的严重分歧，但是所有重要的研究一致表明，部分移民团体的大多数成员，以及所有移民团体的部分成员，都拥有着极强的上进心，这成为美国移民例外论的一种形式，与欧洲公民定义论形成了鲜明对比，这也是移民的子女在美国表现得特别出众的原因之一（Portes，2012）。

深入分析美国移民犯罪率较低的原因，可以概括为以下几个方面：一是移民的自我选择。当前移民的流动性，并不是人口的横向遣送，而是移民自我选择的过程。具体而言，移民选择到美国来，是为了创造一个改善他们生活境遇的机会。二是正式的社会控制。正式的社会控制，是指公众对移民的反应程度，尤其是随着移民的增长，这种公众反应可以通过强化正式的社会控制，对社区中的犯罪问题产生影响。三是移民的进步和发展。移民可以复兴社区，从而加强了非正式的社会控制。四是就业以及种族企业。移民社区较低的犯罪率是因为种族企业为移民提供了大量就业的机会。尽管这些工作的待遇较低，但可以帮助他们积累财富，对预防犯罪起到较强的效果。五是家庭结构。家庭和家庭结构强化了非正式控制并遏制了犯罪行为。移民从总体上而言，更可能是家庭完整，或者父母双全的家庭结构（Kubrin and Ishizawa，2012）。还有研究解释，移民家庭是导致移民青年在较差的邻里环境中减少暴力行为的重要原因。但与此同时，即便在相似的较差的社会环境中，在移民家庭中成长的子女与非移民家庭中的子女存在很大的不同。这种差异性说明，移民是一个社会化的过程，并且移民的社会化不能作为移民个体犯罪和暴力的解释（MacDonald and Saunders，2012）。

（二）移民犯罪研究的视角和方法

第一，以文化为视角分析移民与非移民违法行为。一篇关于德国移民犯罪问题的文献中研究了四个基本问题：一是德国的移民，无论是德国裔还是其他国家的，与本地德国青少年相比是否具有较高的违法犯罪率；二是对移民与非移民的违法犯罪的预测模型进行比较；三是对群体的不同，其预测的变量是否存在着差异性。该文献首先是揭示移民到德国的群体是否要比德国本地青少年人有着更高的违法行为发生率。

在分析导致违法的历程模型时，研究中选取了若干个变量，这些变量在不同的群体中假设存在着差异性，而这些群体的违法报告也有多有少。研究假设为移民和本地青年在家庭关系、同伴关系、违法的价值观、学校问题以及低落情绪等方面存在着不同。与预期的一样，四个群体在许多有关生活境遇方面存在着相当的离散性，如移民青少年的父亲的工作比较低微，上的学校比较差，他们还经常受到父母的暴力，他们成绩较差，他们更容易进入不良团伙，报告更高的违法价值观。某种意义上，他们的情绪也更低落。四种人群的排序也相对稳定。本地青少年报告的生活状况更好一些，依次分别为德国裔、第二代，最后是第一代移民青少年。根据青少年违法的模型，研究者希望以上所有的变量能够同样预测四种不同群体的违法行为。事实果然如此。除个别情况外，更多的父母管教问题（如监护不力、父母暴力）以及同伴交往问题（不良团伙成员、受同伴欺负、不良朋友），违法的观念，数学成绩上出现问题有更多的违法报告。由此可见，对移民和非移民的预测因子是一致的。特别有意思的是，研究者没有使用一些专门针对移民的预测因子，如歧视、语言障碍、针对移民边缘化或孤立的文化适应战略等。他们认为所有这些变量都是具有代表性的，与移入地文化的规则和价值观导致的违法观念的关系并不充分，进而，不需要解释移民违法行为的差异。因此，凡是用于解释四种群体中的差异，大多是明确的。最后，研究者检验群体违法行为的差异是否以用相同的变量来解释，用这些变量来说明各自群体违法的差别。研究者期望这些变量与各种群体的违法行为相关，这一检验路径是合适的，并且用违法行为的平行方式来揭示这些群体之间的系统性差异。结果发现，只有两个变量满足这些标准，那就是父母暴力和违法观念，这些变量可以用以解释四分之三的违法行为的差异性（Silbereisen，2008）。

违法观念以及父母暴力显示成为最直接的影响因素，移民原籍的文化对青少年违法行为会产生一定的影响。那么，为什么文化在这两方面存在着不同呢？移民到德国的生存环境并不理想，通常的解释是刚到德国的移民尽快地融入社会。移民保留着一些他们特有的东西，更希望在他们移入国，在他们的生活中能有一种整合的路径，但无论是在德语沟通交流上，还是在政治上，这些移民仍然被视为外国人，社会的流动性和选择等社会参与受到限制。在此情形下，年轻人很难遵循移入国的价值观和规则，这些价值观和规则通常被认为他们是不受欢迎的。特别是针对那些拥有一技之长和知识，希望在德国获得成功的人，反而存在着成为形成违法观念的风险。事实上，在年轻的土耳其人身上已经发现，歧视与他们强烈的穆斯林身份认同有着密切的关系，这种身份认同包括对暴力的认可度，通过暴力来完成伊斯兰教义的目标（Heitmeyer and Dollase，1996；Heitmeyer，Müller et al.，1997；Müller，1998）。

而对父母暴力的原因，情况不是很清晰。从四种群体中观察到差异，存在着两种可能性。一种可能性是体罚通常是作为父母教育文化的延伸。在有关学者的研究中发现，体罚在一些文化特征的群体中通常比较常见，但在另外文化特征的群体中却很少见。这种文化认为，采取体罚被视为父母保护子女不受人身和社会伤害的必要教育手段。另外的解释是，移民的父母比非移民的父母存在着更多的压力而采取更多的强制性监护行为。如果压力真的与不良的管教行为有关，那么家庭经济困难或者父亲失业以及父母暴力之间存在着一些关系（Silbereisen，2008）。

第二，从同伴的影响因素分析移民犯罪问题。有文献认为，减少与有违法劣迹的朋友交往风险可以解释为什么移民青年比本地青年的违法、犯罪率要低这一观点。然而，当移民青年遇到这些风险时，移民青年要比本地青年更脆弱一些。该文献假设：移民青年相对而言对如下因素更为敏感：一是与违法的同伴相处；二是相比非移民青年，在无序以及无监管的社会化过程中与同伴相处。文献运用大约1800个"芝加哥邻里人类发展研究项目"的青少年样本，发现支持第一个假设，但不支持第二个。尤其是在横向或纵向的模型中发现相比本地青年，有违法行为的同伴对移民青年的暴力行为具有更强的影响力。此外，这一发现还被使用"增加健康数据"的缜密分析所证实（Dipietro and Mcgloin，2012）。

关于移民与犯罪的理论假设之间的差别促使了学者们去发现移民"悖论"背后的机制。许多个体层面的研究关注于家庭成长，更高程度地关注于移民家庭的结婚率和家庭结构，更专注于对移民青年的非正式和正式的社会控制。当然，这些因素可以直接地减少移民发生不良行为的可能性，但是这些因素可以通过影响与青少年同伴的关系而产生间接的影响。虽然相比而言，鲜有实证研究关注于移民与同伴之间的关系问题，初步的证据显示，移民与同伴的交往是受限的，在选择朋友方面缺乏自主性，较少地参与非正式的社会化过程。同伴交往的过程可以成为移民与犯罪之间关联的一种中介。相比本地青少年，移民与违法同伴交往而导致的犯罪风险要低。更多的本地青年行为同化，更易受到越轨同伴的影响，也会增加他们违法的可能性（Samaniego and Nancy，1999；Myers，Chou et al.，2009）。该研究还发现，相比第三代移民，第一代和第二代移民青年更容易受到违法同伴的犯罪行为影响。第二代移民身份的缓冲作用说明，尽管他们出生在美国，这些青年可能仍然经历着相对较高的渴求，去适应他们的同伴。大量的文献还阐述了第二代移民青年的这种抗争，即他们可能感受他们处于父母传统文化与美国同伴的标准价值观之间的断裂状态（Dipietro and Mcgloin，2012）。

第三，从社区（中观层面）分析移民群体的犯罪率。与公众的意见相悖，一些研究已经证明了移民社区是最为安全的社区之一，移民聚居区与邻里犯罪率无关，甚至与犯罪没有一点儿关系。该文献研究了移民在洛杉矶和芝加哥聚集区与邻里暴力犯罪之间的关系，这两个地区具有典型性且具有不同的移民人口特征（Kubrin and Ishizawa，2012）。

在数据与方法上，该研究使用美国国家邻里犯罪研究数据（NNSC）。该数据共有9593个人口普查数据构成，全部或部分地涵盖了美国较大城市的边界地区。从该人口普查数据中，抽取了芝加哥的879个人口统计区域，以及洛杉矶的865个人口统计区域。应变量的选择上，度量在芝加哥和洛杉矶邻里的暴力犯罪。暴力犯罪包括杀人和抢劫。自变量，选择移民的聚集度。上述研究再次说明了较高移民聚集度的社区，具有较低的犯罪率，或者两者之间没有相关性，即移民聚集度与暴力犯罪具有负相关性。此外，研究还发现在芝加哥的大型移民社区比其他区域的犯罪率更低，而在洛杉矶的报告正好相反，犯罪率要高于平均水平。这一差异的一个可行的解释是与社区解组理论一致的，即种族的不同可能与社区的高犯罪率有关。另外一种有关社区解组理论的解释是移民的居民变动性。根据空间同化模型，当移民首先定居在老城区的邻里当中，是一个种群混居之地。居住形态由迁移链所导致的，当他们决定落脚点时，新移民依靠他们家庭、朋友的社会关系。随着新的移民成员的增加，会形成更多的种群组织来为居民提供服务。然而，对许多移民来说，移民社区是一个暂时的居住地。当移民自适应，并且达到了他们的社会经济向流动之后，他们就会迁移到新的地方，以提升居住质量，形成较高的变动性。居住变动会导致非正式的社会控制弱化，以及移民邻里较高的犯罪率，正如社会理论所描述的那样。有一种解释是，以前不同的发现与移民的代际相关。代际身份很重要，因为这直接与移民的文化同化相关。同化的过程包括，英语能力的增加以及教育的水平提高，工作技能提升以及其他属性，可以缓解移民进入美国社会的压力，帮助他们在经济上取得成功。学者们对移民同化代表移民的流动性以及后来在生活上的成功，存在着较大的争议。近来学者们又提出，认为同化的过程，并不是总是受益的。同化的过程，也包含了对犯罪的影响。现有的文献已经发现，相对于没有同化的移民而言，同化的移民的犯罪率是高的，而不是低的（Kubrin and Ishizawa，2012）。

如何来解释以上这些形态？一种解释是这与移民的美国化的经历有关。因为许多移民在他们刚到达美国以后的居住条件较差。移民的孩子容易辍学，加入青少年帮派，参与毒品亚文化等。这一选择的过程，可以认为是向下同化，向下流动。还有一个解释认为这些挑战与路径有关，尤其是针对第二代移民：他们在美国出生并且长大，继承着移民父母的传统和习惯，但是随着年龄的增长，看到美国不同的愿景，期望进入美国主流社会，同时满足他们父母对他们的期望。学习新的语言，在学校有好的表现，找到体面的工作（Kubrin and Ishizawa，2012）。

第四，从城市（中观层面）分析移民与暴力犯罪率的关系。该文献调查分析了从 1980 年到 2000 年，159 个美国城市的移民严重犯罪所带来的影响。该研究发现：城市内移民的改变与城市内暴力犯罪的改变有重要的负相关关系；非法毒品市场逮捕和犯罪率改变有正相关关系；城市水平（中观层面）的纵向研究来分析，移民与犯罪的关系是不能通过人口转移、经济剥削、毒品市场、或者正式社会控制来解释的；家庭结构改变与暴力犯罪改变显著相关，移民和暴力犯罪是负相关的，暴力犯罪部分是由于离婚、单亲家庭造成的。反过来，和暴力犯罪率成正相关；黑人比例对暴力犯罪没有直接影响（Ousey and Kubrin，2009）。

四、国际移民犯罪的代际差异分析

（一）国际移民的代际定义

一项以学生为样本的关于德国移民的问卷调查中，青少年在问卷中要注明他们父母的出生国家。如果他们的父母出生国别为土耳其，则该学生被标注为土耳其。如果父母的出生国别不一致的，则以母亲的出生国别为划分。如果父亲是外国出生，而其母亲是德国人，则该学生仍然被列入非德国人。具体而言，在此研究中，还将移民分为以下五类群体：一是本人在德国出生；二是在德国生活了 10 年；三是在德国生活少于 10 年；四是德国公民；五是父母一方为德国人（Baier and Pfeiffer，2008）。另有文献则将移民分为第一代和第二代。第一代移民，是指早期在他们的祖国接受过早期的教育，所以当他们移入美国的学校后，会在文化冲突上感到更多的压力和紧张；而第二代移民，由于与他们在国外出生的父母生活在一起，由此深受其父母出生地文化以及行为模式的影响。虽然，这种文化冲突只是发生在国内人群之间，但对于第二代移民也会遭受到冲突和边缘化等影响，比如导致暴力等。然而，这种冲突和边缘化的程度要比第一代移民要小一些。如果这种假设是真的，即他们浸入美国文化的时间越久，他们越容易抛弃之前的文化，更倾向于成为美国人的各种身份标志，那么这种文化自适应现象，学生课外活动会导致因不同的价值观导致的代际冲突减弱。至于第三代或以上的移民，已经不归属于非移民的范围（Peterson，2012）。

在德国移民的代际研究中，研究人员采取了横向研究的方法，样本为837名男性青少年（其中，346名德国本地人，375名从苏联移入德国的德国裔移民），52名为第一代移民（即在国外出生，这些第一代移民平均在德国生活时间为9.2年），64名为第二代移民（即在德国出生，原籍为土耳其，前南斯拉夫和阿富汗人）（Silbereisen，2008）。

还有文献将第一代移民定义为在美国之外的国家出生的个体；第二代移民定义为在美国出生但至少父母中的一方出生在美国之外的国家；第三代移民定义为新生代移民，即在美国出生，他们的父母均在美国出生（Dipietro and Mcgloin，2012）。

（二）国际移民犯罪的代际差异

在美国，与第一代移民相比，第二移民更容易适应于违法和犯罪，因为第一代移民由于初来乍到，不敢犯事（MacDonald and Saunders，2012）。在移民身份与不适应的行为之间存在着线性关系，第一代移民比第二代移民的表现要好，同样第二代移民要比第三代移民的表现要好，这一差异在暴力方面更为明显。运用全国性纵向青少年健康调查发现，相比第一代移民，第二代和第三代西班牙裔的学生中约60%和88%更容易参与到违法犯罪当中（Dipietro and Mcgloin，2012）。

相比德国本地的青少年，出生在其他国家的移民青少年的违法现象更普遍一些。这些现象也出现在第二代、第三代移民中。研究表明，男性移民青少年比本国青少年在过去的 12 个月中有更多的违法犯罪报告。尽管存在着这些差异性，通过结构性等式模型却表明，以上四种类型的青少年在违法程度上（对违法行为的态度和价值观、帮派、父母的关照、语言问题等方面）并没有存在差异性。通过运用回归分析，在男性青少年违法中，多数与文化相关的变量可以用违法行为态度、父母暴力等体现群组差异的最明显标志的预测工具来进行解释（Silbereisen，2008）。

关于第二代移民的发展问题，在不同国家步入社会的成年外来移民很少完全融入所在社会，而他们的子女，在所在社会出生和长大，通常可以完全融入社会。青少年时期的壮志对后来的成就有重大影响，甚至在对父母社会经济地位和能力进行控制变量后依然如此。青少年的抱负同样被证明是向下同化事件的强抑制剂，诸如青少年时期生育和在早期成年期被警方逮捕或被判处监禁。在对 2442 位外来移民父母的调查中，74% 期望他们的子女能够从大学毕业，接近 50% 的父母希望子女拿到硕士学位。大学和研究生的期望随着父母受教育程度而上升，但即使是那些只有高中甚至高中以下学历的父母，仍有三分之二希望他们的子女能够拿到大学学位。总之，目前美国不同种族间经济和社会条件的差异可以认为是早期第一代和第二代外来移民群体的相对成功或失败的结果（Portes，2012）。所以，第一代很难完全融入，但是第二代融入却容易得多，而且第一代对第二代的期待，以及第二代的受教育程度，对移民子女，即第三代、第四代产生重要的影响。即如果第二代的教育不高，很容易造成移民子女的向下流动。

如何保持移民这种向上的推动力呢？受过更好教育和更为富足的外来移民可以通过不同方法来阻止减缓这一过程，比如定期回到故乡；紧密型种族群体能够为了相同的目的而使用他们的共同社会资本。经常搬家寻找工作的人力资本的外来移民处于最不利的环境，他们缺少人力或社会资源来减缓文化适应，对无情改变子女的环境无能为力。因此，如果我们假设所在社会的利益仅仅在于尽快同化外来移民和那些很有上进心的第二代移民，未必需要尽快地同化外来移民和那些很有上进心的第二代移民。原始推动力的终结促进了同化作用，但是以可能潜在造成一个死板或下向流动的第二代移民为代价的（Portes，2012）。

五、国际移民问题的法律和政策分析

（一）非法移民问题

在纽约移民第二代的研究中，一些年轻移民的父母当初是非法来到美国，或者合法签证过期，从而经历一段时间的"非法"移民者，而这些年轻人在这个过程中逐渐地成长。事实上，这些第二代或者第一代半移民在"混合状态"的家庭中成长的情况是很常见的，其中包括非法移民、持有合法的临时签证的移民（如旅游或者学生签证）、美国的合法永久居民、归化入籍公民以及在本国出生的公民。直到 20 世纪 90 年代中期，这种法律状态的多样性似乎已经影响到成长在这样家庭中的孩子。而在当时，驱逐出境的情况是很少的，而且主要适用于那些有严重犯罪记录的人。虽然对于非法移民来说合法化的法律地位并不容易取得，但也不是说这样的机会不存在。最终，大多数想成为"合法"移民的人都有机会做到，特别是那些能很早抵达美国，并符合 IRCA 法律中赦免规定的移民（Massey，Douglas S. et al.，2002）。其实，对雇主而言，非法移民是十分有利的。不稳定的法律地位对雇主有好处，他们可以利用这一点从工人身上榨取更大的让步和更高的生产力。对于多数非法移民而言，均有机会成为美国公民，美国的移民政策还是比较积极的。

（二）移民的比例和社会承受能力

一般来说，社会转型的可能性是"同化冲突"所固有的，它取决于移民流的大小和所在社会体系的适应力之间的平衡。外来移民的"推力"只是在社会生活的表面迫使一些制度和结构上的转变，但很少超过这个界限。控制移民已经成为发达国家当局一件重要优先但非最优先的事是因为新外来移民并没有严重挑战当地的制度和结构。一般人群对越来越多外国人出现的不安感，但经济学精英和中上阶级都不会受到移民的消极影响，因为移民给他们的公司和家庭带来可靠的劳动力来源。相反地，与快速增加的外国劳工靠得很近的本地工人阶级，表现出更多的不安和不满。在自己祖国变成外国人感受和应运而生的"为美国人拯救美国"或"收回我们的国家"的呼声在这个阶层是最常见的。美国关于移民立法和尝试移民改革的方案，由于工业和农业游说集团的适时介入，限制或管理外国劳动力的立法创制权一直被忽视。这些干预措施已经将移民经济效益和社会成本间的均衡恢复到了可接受范围，确保起着结构性重要作用的劳动力流动性的连续性（Portes，2012）。所以，由于移民的劳动力有利于美国经济，总体上而言，美国对移民的干预政策，使美国的移民劳动力市场趋向于平衡。

（三）移民的社会融合问题

应对学校、法律体系以及劳动力市场等组织当中大量的外国人所提出的各种需求，这些组织有一个适应的过程，但大体上，基本的社会支柱，包括价值规范系统和阶级结构仍被完整保留。产生这个结果的另一个原因是大多数外来移民更愿意去适应现有的社会秩序而不是试图去改变它（Portes，2012）。对移民而言，他们追求地位和权力，但从未挑战主流和秩序。

雇主出于自身利益考虑，希望这些外来务工者适应移入国文化的时间越长越好，这似乎对外来务工者文化自适应的可选择性起到推波助澜的作用。但事实并非如此。选择性文化适应要求，是在学习当地语言和文化的同时保持移民语言和一些文化因素。保持移民劳工对所在社会一无所知和让他们处于不安全的法律地位只是将他们边缘化，恶化他们与当地居民的紧张关系（Portes，2012）。因此，实现移民的融合问题，一方面要鼓励移民学习当地的语言和文化，防止被边缘化，更为重要的是要注意保留自己的文化和语言。

（四）美国移民政策的反思与批判

自 20 世纪 90 年代中期以来，特别是自 2001 年以来，情况已经不再如此。通过限制那些非法移民取得合法身份，我们创建了拥有长期半永久的空前庞大的非法移民人口，他们是经济、社会、文化中的一部分，而并不是政治中的一部分。这问题使得边境执法日益严格，加剧了美国南部边境的军事化，对此，梅西等人（Massey，Douglas S. et al.，2002）曾指出，这不仅没有阻止非法移民入境，反而使得旅行更加危险与昂贵，这使得那些循环的移民失去了勇气，一旦进入美国，就不愿再离开。移民变得"艰难"以后，带来了意想不到的后果，即虽然新移入者的数量在减少，但是非法移民者的规模却仍然很大。这对于一个民主社会来说，是一个让人极度不安的状况——在我看来，与"下向同化"相比，则更可能产生一个社会孤立的"底层阶级"（Portes，2012）。上述文献对美国这一政策的批评说明，美国现阶段的移民政策对第二代移民产生了不利的影响。第二代移民，不管是在移民主导社会还是主流社会，他们都将继续成长，发挥更大的作用，尽管人们对移民有所担忧，但其在社会流动人口中所展现出来的魅力与创造性足以引起社会的关注。

第二节　国际移民犯罪的理论借鉴

一、社会分化理论及其验证

（一）社会分化理论概述

社会分化理论是德国犯罪学家威廉·黑特姆（Wilhelm·Heitmeye）及美国犯罪学家史蒂文·梅斯纳（Steven·Messner），根据他们对欧洲以及美国移民的研究基础，最近提出的一种针对移民与暴力的理论。该理论认为：社会功能整合可以有效地实现移民身份的社会及自我认同，并促使移民自愿接受非暴力规划（Heitmeyer and Anhut，2008）。而社会分化则会导致移民的身份无法实现社会及自我认同，从而增加移民实施暴力的风险。有学者对1980—2000年间美国城市移民与暴力犯罪开展大量的实证研究，认为第一代移民比本地市民的犯罪率要低，而第二代移民和第三代移民的犯罪率明显要比本地市民高（Kubrin and Ousey，2009）。虽然这一结果在其他国家并不一定适用，但在对土耳其移民以及我国流动人口犯罪的研究中，得出相似的结论（Cheung，Ngai et al.，2007；Schmitt-Rodermund and Silbereisen，2008）。

社会分化理论有力地揭示了整合和分化所导致的不同后果，并且解释了认同缺乏在非经济因素中目标与实现途径之间的矛盾中扮演着重要作用。该理论还认为，人们实施暴力是弥补弱势和体现自尊。以居住在法国近郊的法国青年为例，他们采取的暴力表达，是向世人说明"你看，我们是存在的，并不是乌合之众。"暴力成为恢复正义的一种选择。总之，社会整合或社会分化而导致的暴力问题，需要考虑更多的因素，而不仅仅是就业融合的问题。整合，应该包括经济的、机制的、社会情感层面等，而这些因素能够促进不同社会范围内个体认同的形成（Heitmeyer and Anhut，2008）。

本人在与黑特姆教授的面对面讨论中①，他认为在社会分化与暴力理论中，影响移民社会融入主要归因于三个方面的认同：一是地位认同，二是道义认同，三是社会情感认同。对移民而言，如果实现了上述三个层面的认同，则有利于其实现社会融入；反之，则会导致移民在行为上的越轨甚至暴力。对于选择吸毒、酗酒等退缩行为方式的移民，一种原因是这些群体在生理或心理上不够强壮，不能或不敢采取暴力来应对认同缺失；另一种是由于其家庭监管等非正式的社会控制较为严格，这些移民由于没有机会实施暴力，转而采取自我封闭的退缩行为。在西方国家，由于教会等力量的参与或干预，也会减缓移民由于认同缺失而导致的暴力或者退缩等越轨行为的发生。

黑特姆教授还认为，在社会分化理论三个层面的认同中，针对移民青少年而言，地位认同和社会情感认同，是至关重要的。移民青少年对于政治参与、社会参与的需求和迫切性，相比其他两个认同要低得多，所以度量移民青少年的社会分化，重点是度量地位认同和情感认同这两个层面的问题。移民在地位认同上的缺失，则可以通过社会情感认同予以弥补。这也许可以解释为什么绝大多数的移民青少年并不实施违法和犯罪行为。父母监管对移民青少年的行为教育是至关重要的。但是，随着年龄增长和孩子的成长，社会情感认同的作用开始弱化，社会地位认同显得越来越重要。根据德国的相关研究，地位认同对男性青年移民的影响很大，但对于女性则要弱得多。对于移民青少年而言，如果地位认同的缺失，家庭教育和父母的监管也相对缺失，移民青少年就会到外面寻找一些有同样生活经

---

① 2014 年 10 月 29 日，黑特姆尔教授应邀来杭州参加"国际移民犯罪与新生代农民工犯罪研讨会"。本人与黑特姆尔教授，就社会分化理论进行了深入的交流。以上内容是谈话摘要。

历的同伴，以获得社会情感的认同。这些同伴中，如果有违法或犯罪行为的，就可能形成一个团伙或者帮派。当然，同伴的选择，还与移民青少年所居住的社区环境存在着一定的关系。

关于歧视的问题，黑特姆教授认为，应该归入道义认同。以德国为例，他们不存在类似我们的城乡二元结构的户籍制度，在制度上不存在歧视问题。然而，制度之外的身份歧视是存在的。当前，随着我国户籍制度改革，城乡二元结构的破除，针对农民工的制度性歧视将逐步消失。但是，制度之外的、潜在的身份歧视仍然在很大的程度和范围内存在。

（二）有关社会分化理论的验证

有学者运用社会分化理论，分析和研究德国移民如土耳其和俄罗斯青年移民与德国本地青年的社会分化与暴力的比较。当今德国青少年种族多元化现象，始于1949以来的移民潮。在德国经济蓬勃发展的1960年代，移民包括来自东欧的战争难民，特别是来自于土耳其、南斯拉夫以及南欧的移民。在1980年代以及1990年代初，对冲突以及战争地区来的难民，包括南斯拉夫，伊拉克等地区，来到德国。最近一次持续的移民潮是社会主义社会瓦解之后发生的，移民主要是来自于苏联和波兰。从1950年起，被遣返的人员中，有的就是德国原著民。然而，他们生活在其他国家将近40多年以上，并且以遣返者的子女在他国长大。如此一来，这些遣返者虽然并非是外国人，但是他们有着与移民相似的，曾经生活在不同社会环境以及心理历程。研究认为，非德国裔青少年，有着更高的暴力犯罪率，非德国的男女青少年成为有暴力行为的同伴成员的可能性要远远高于德国青年。观看暴力的电影以及玩暴力的游戏与青少年犯罪密切相关（Baier and Pfeiffer，2008）。

上述研究，数据采集于2005年联邦德国，调查了大城市和地区的近

14301 名青少年。在调查中，要求这些学生自我报告违法犯罪情况，主要包括伤害、抢劫、敲诈勒索以及持枪威胁等 4 种行为。调查发现，德国青少年报告以上 4 种行为的比率很低。在对上述行为的影响因素分析来看，从家庭、学校、同伴、媒体等几方面进行了度量。调查发现，德国青少年家庭的离婚率要高于土耳其以及其他如俄罗斯等青少年的家庭，但土耳其的家庭经济条件相对较差一些。土耳其家庭的社会分化还表现在就业方面，总体是失业率较高一些。非德国移民青少年，表现出更高的家庭暴力。将近 23.7% 的土耳其男孩的父母，认同所谓的暴力规范。在学校方面，移民青少年的学业成绩普遍没有德国人高。但是，相比其他群体，土耳其青少年认为他们感到自己在班级、社区能够融入，并且认为能够被老师接受。在同伴交往方面，俄罗斯青少年相比其他的群体，更会交友，更多地接触一些年长的同伴。而德国青少年，则相对比较封闭，大约 83.8% 的德国青少年只和同族进行交往。在对同伴交往的文化价值观的度量上，非德国的男女青少年，更容易产生违法行为。相关因素分析表明，德国移民青少年的违法行为与父母的经济地位相关性不显著，但教育程度高可减少观看暴力影视以及接受暴力规范的程度。相比而言，父母的暴力，成为影响青少年违法行为的第三个因素。调查同时发现，青少年热衷于暴力媒体更容易产生违法行为。提高教育程度，可以有效地降低青少年的违法风险（Baier and Pfeiffer，2008）。

二、一般紧张理论及其验证

罗伯特·阿格纽（Robert Agnew）提出的一般紧张理论认为，犯罪和偏差行为的根源在于社会阻止个人达成社会目标形成的负面紧张，以及个体的认知、行为和情绪导致的紧张（Agnew，2006）。有学者运用一般紧张理论（General Strain Theory，简称 GST）检验诸如中国、韩国、菲律宾、以色列、意大利、冰岛、俄罗斯、乌克兰、希腊和加拿大等国家的犯罪问题。这些研究发现，一般紧张理论基本上能够解释这些国家的犯罪问题。一些高质量的实证研究认为：从紧张的层面、对紧张的解释、影响紧张因子等方面，肯定存在着跨国差异性。虽然普适的"一般紧张理论"尚未提出，但学者对中国开展的一系列运用一般紧张理论来检验有关青少年和流动人口犯罪问题的研究（Cheung，Ngai et al.，2007；Zhang，2008；Haas，2009），具有较高的理论贡献。

现有文献中，有两项重要的研究（Pérez，Jennings et al.，2008）运用了一般紧张理论来解释移民犯罪，发现了支持该理论的证据。此项研究较好地将文化适合应激理论（Acculturative Stress）整合在一般紧张理论当中来解释移民犯罪问题。移民文化适合应激研究的文献，重点关注移民在移居过程中对身心健康可能产生的影响（Ming and Guixin，2009），该研究对于开展本选题的研究具有重要意义。目前，对儿童文化适合应激度量的较好量具之一是 SAFE–C 量表（Suarez–Morales，Dillon et al.，2007）。在另一项研究中，有学者对文化适应应激作了较好的描述（Ming and Guixin，2009）。但是，现有文献中有关文化适应应激的研究，并非将重点放在如何解释移民犯罪。有一项非常优秀的研究成果运用了文化适应应激理论来研究流动人口犯罪问题（Ngai and Lu，2010）。另有文献运用了文化适应应激理论来研究欧洲移民问题，包括德国的土耳其移民（Schmitt–Rodermund and Silbereisen，2008），堪称是该理论应用的一个典范。

有学者在广州与香港两个城市对家庭紧张和青少年违法进行了研究，发现父母不同的影响力，是因为两个城市不同的家规及家庭结构所造成的（Cheung，Ngai et al.，2007）。通过比较认为，大陆内地的双职工家庭不利于儿童的教育。在大陆，94.2%的母亲工作，而在香港只有三分之二的母亲就业。一般紧张理论，通常将紧张作为导致违法的主要原因。通过调查发现，香港的青少年更缺少父母的支持，会产生更多的紧张，从而导致更多的违法犯罪（Cheung，Ngai et al.，2007）。

　　有学者应用一般紧张理论，对中国城市的青少年的违法行为进行理论上的解释，重点就社会变迁、生活紧张等进行分析（Bao，2009）。文献研究表明，在中国，与东亚的其他地区一样，相比西欧和北美地区，中国的青少年犯罪率要低。即便移民到美国，日本和中国的青少年也保持着较低的犯罪率。阿格纽的一般紧张理论，可以恰当地解释在当代中国处于社会变迁过程中青少年的违法犯罪处于上升的现状。中国从1970年代改革开放以来，社会变迁与现代化，中国的城市青少年经历着紧张。

　　许多的实证研究，证明一般紧张理论可以来解释犯罪问题。在对西班牙裔美国人群体的研究中发现，一般紧张理论适用于该移民群体中，但该移民犯罪的代际差异并不明显。对一般紧张理论的度量，三种传统的度量纬度包括：家庭暴力，同伴之间的暴力以及学业方面的紧张。这三种方面，对青少年的违法行为有正相关性，特别是针对西班牙裔移民聚集区域。然而，在经济上，并没有发现与违法行为有着明显的相关性。调查中发现，这一点尤其重要，就是相比白人，西班牙人的聚集以及种族紧张可是增加暴力违法的可能性。与此同时，歧视在某些方面，与暴力行为相关。代际之间的冲突，在所有低聚集群体中，在所有的模型中，对违法行为均表现了显著性的正相关性。尽管在城市的少数民族报告了更多的暴力行为，且面临了更高的被害风险，西班牙裔移民的被害率无论是在城市或在农村均比非西班牙裔移民要高一些。西班牙裔的美国人经历着一种比较独特的紧张（比如被预先判定或歧视），这种紧张会导致违法的可能性。西班牙裔移民不同的聚居方式，可以调适因自适应的紧张而产生的违法问题（Pérez，Jennings et al.，2008）。

三、其他相关理论

除了运用一般紧张理论外，移民暴力问题也可以运用其他犯罪学理论来解释，这些理论涉及其他的变量。如社会控制理论、社会解组理论、亚文化理论和特质理论等。有学者全面阐述了上述理论在移民暴力和犯罪问题上的具体应用（Kubrin and Ousey，2009）。在对移民犯罪和越轨行为的分析过程中，有学者认为移民的犯罪和越轨行为存在着一定的性别差异（Liu and Lin，2007）。在分析移民家庭的社会经济地位等自变量时，有学者分析了自我控制、乐观态度、语言能力、团结以及信念等因素对移民参与集体行动的影响，认为这些变量会导致移民参与集体行动态度的差异性（Klandermans，2011）。

总之，一般紧张理论与社会分化理论，均阐述了移民个体适应移入地环境的模式，包括选择暴力与犯罪。移民在新社会环境中，可能会选择不同的生活道路。如有些移民在美国落入了社会底层，有些同化后进入社会中产阶层，有些则保持了原有的文化价值观，并且也适合了当地的文化，而有些则完全被社会所孤立。影响适应性的因素包括：移民的受教育与技能、家庭的支持程度、民族团结、集体效能。分隔会割裂移民与社会有价值的资源和支持，导致消极的待遇，激发矛盾，甚至导致暴力（Richard Nagasawa，2001）。

第三节　国内新生代农民工及犯罪问题综述

一、新生代农民工的概念界定和代际差异

（一）新生代农民工概念

1984 年，中央出台"1 号文件"，允许农民进城务工。从此，农民工的身份正式确立。王春光在 2001 年首次提出了"新生代流动人口"的概念，2003 年将其修正为两层含义："一层含义是年龄在 25 岁以下，于 20 世纪 90 年代外出务工或经商的农村流动人口，他们与第一代农村流动人口在社会阅历上有着明显的差别；另一层含义是他们不是第二代农村流动人口，因为他们毕竟不是第一代农村流动人口在外出过程中出生和长大起来的，而是介于第一代和第二代之间过渡性的农村流动人口（王春光，2010）。王春光认为，改革开放已经有 20 多年时间，按照习惯，10 年之差等于是两代人。如果将 80 年代初次外出的农村流动人口算作第一代，而 90 年代初次外出的算作新生代。当然，年代仅仅是一个维度，我们还可以从年龄来划分。此外，王春光认为代际的存在还可从受教育程度、务农经历以及外出动因等差异得到证实（王春光，2001）。

关于农民工的代际概念，学界有不同的提法：如第一代和第二代。所谓第二代农民工是相对于改革开放后，于 20 世纪 80 年代中期到 90 年代中期，从农业和农村中流出并进入非农产业就业的第一代农民工，具体是指 1980 年以后出生，20 世纪 90 年代后期开始进入城市打工的农民工。由此可见，对第一代农民工和第二代农民工区分的要点在于他们生活的社会经济背景以及其自身的文化、观念及行为上的差异。我们以人口学和经

济学视角，从农民工群体自身出发提出的第二代农民工，与王春光提出的新生代农村流动人口其实是同一群体，但比后者具有更宽泛的内涵（刘传江、程建林，2008）。不同学者对于农民工代际内涵的界定差别较大，具有代表性的有王春光和刘传江。段成荣认为，农民工的代际可依据"出生年代"划分为新生代、中生代和老一代。这种划分代际的"出生年代"标准是动态的，但不同代际农民工的年龄段依然可以保持这种间隔不变（段成荣、马学阳，2011）。

国家统计局发布历年全国监测调查报告[①]，对农民工的分类以及概念如下：

1. 农民工：指户籍仍在农村，在本地从事非农产业或外出从业 6 个月及以上的劳动者；

2. 本地农民工：指在户籍所在乡镇地域以内从业的农民工；

3. 外出农民工：指在户籍所在乡镇地域外从业的农民工；

4. 新生代农民工：指 1980 年及以后出生的农民工；

5. 老一代农民工：指 1980 年以前出生的农民工；

6. 举家外出：指农村劳动力及家人离开原居住地，到户籍所在乡镇以外的区域居住。

综上所述，笔者认为，国内现有文献对新生代农民工的定义不够准确，代际界定不够清晰，从而导致了新生代农民工问题的研究缺陷。例如，简单地将监狱服刑、年龄在 16 ~ 26 周岁、来自外省市且户籍在农村的青年服刑人员定义为新生代农民工（林彭、余飞等，2008）。而在这些样本中，有些身份可能是农民，或其他无业人员，即便是农民工，也应该分为本地农民工和外地农民工。

---

① 参见国家统计局发布的《2013 年全国农民工监测调查报告》，http://www.stats.gov.cn/tjsj/zxfb/201405/t20140512_551585.html。

（二）农民工的代际差异

刘传江通过 2005 年的调查分析结果发现，第一代农民工与第二代农民工在受教育年限、婚姻状况、务农经验、未来归属倾向、自我身份判断、市民化意愿方面均有着显著不同（刘传江、程建林，2008）。

段成荣根据国家人口和计划生育委员会 2010 年 5 月的流动人口动态监测调查，认为对于新生代农民工问题的强调，并不是由于他们出现了"新"问题或者问题更为严重。新生代农民工终归也是农民工，相比于其他农民工，他们的基本状况没有发生本质性的变化：他们工资水平并不高，消费观念也不强，社会保障程度仍然较低，他们仍然是吃苦耐劳的一代。农民工的代际差异性主要有：规模不断增加，已占农民工整体的半壁河山；受教育年限明显提高，新生代农民工的受教育年限有显著提高。2010 年新生代农民工的平均受教育年限达到 9.8 年，而同期中生代和老一代分别只有 8.4 年和 7.6 年；面临婚育的双重压力，新生代农民工未婚比例为 44.1%，而没有结婚的中生代和老一代只有 1.6% 和 0.8%；就业期望发生了较大的变化；新生代农民工的工资水平低于中生代，高于老一代。由于从事低技能工作，教育程度并无明显的优势，而是工作经验等与报酬相关。新生代农民工的收入当然要低一些；节俭依然是新生代农民工的特点，中生代农民工的家庭月生活消费支出最高，其次是老一代，新生代最少。这和他们的收入差异类似，收入较高的群体消费较高。新生代并不奢侈，他们绝不是高消费群体，和同龄城市户籍人口比较，新生代即使消费理念和消费方式发生了稍微的变化，但他们仍然继承了中生代和老一代省吃俭用的传统，消费水平处于较低水平，新生代农民工仍是吃苦耐劳的一代。新生代与中生代、老一代比较，工作时间发生的变化可以忽略不计。他们每周工作的时间超过 6 天，而且每天工作的时间平均为 10 个小时。由此可知，新生代农民工并不"娇气"，他们照样能吃苦耐劳；新生代农民工的权益保障并不高。新生代农民工的合同签订情况有所改善，但仍然不理想。就工伤、失业、生育三险和住房公积金的保障程度而言，新生代较之中生代和老一代有一定的提高，但是绝对水平仍然很低；新生代农民工大多不想回乡；新生代农民城市落户意愿不高。10.75%的农民工不想"农转非"，这么高比例的农民工不想获得非农业户口，这和我们的惯常看法并不一致。新生代农民工这些新特征的出现存在很大的必然性。其原因有两个方面，一是源于社会发展导致他们所处环境的变化；二是源于不同代际农民工自身生命周期及所面临的生命事件的不同（段成荣、马学阳，2011）。

有学者认为，与第一代农民工不同，第二代农民工群体是"回不去农村，融不进城市"的农民工。第二代农民工具有如下显著特征：一是文化程度不同。第一代农民工的文化程度明显低于第二代农民工。第一代农民工的文化程度以小学和初中文化为主，其中还有部分处于文盲半文盲状态，平均受教育年限约为 7 年。而第二代农民工以初中及以上为主，平均受教育年限为 9 年。二是就业方式不同。第一代农民工聚集在城市的建筑工地上。第二代农民工不再老老实实地待在最脏、最累、最"没出息"的工作岗位上，不再省吃俭用攒钱往家里寄，更不会挣够钱回家盖房娶媳妇，他们的目光投向了服务业、制造业、纺织业、电子业等行业，他们已经成为城市生活不可或缺的一部分。三是外出目的不同。第一代农民工家庭负担较重，外出就业的目的主要是为了增加收入，改善家庭的生活条件。第二代农民工未婚的更多，家庭负担要轻，外出的目的不是为了增加收入，第二代农民工考虑得更多的是自己未来的前途。四是务农经验和土地情结不同。第一代农民工有比较丰富的务农经验，而第二代农民工没有或缺乏务农经验，甚至有大部分从来没有干过农活。五是留城意愿不同。第二代农民工比第一代农民工更愿意成为市民，留在城市中生活。他们对城市的认同远远超过对农村的认同，他们认为赚钱只是外出打工的部分目的，能在城市长期居住才是他们真正所向往的。六是维权意识不同。第二代农民工在受到歧视时，不同于第一代农民工"初来乍到"城市的唯唯诺诺，他们中的一部分人会摔门离去，第二代农民工开始维护自己的权利（何海，2009）。

另据全国总工会的一项全国性调查显示：新生代农民工占外出农民工的六成以上；平均年龄23岁左右，初次外出务工岁数基本上为初中刚毕业年龄；近80%的人未婚；受教育和职业技能培训水平相对传统农民工有所提高。据国家统计局数据，2009年，在新生代外出农民工中接受过高中及以上教育的比例，30岁以下各年龄组均在26%以上；年龄在21—25岁之间的达到31.1%，高出农民工总体平均水平7.6个百分点。而2008年进行的第二次全国农业普查数据显示，在外出从业劳动力中，具有高中以上文化程度的仅占10%；在制造业、服务业中的就业比重有所上升，在建筑业中的就业比重有所下降；成长经历开始趋同于城市同龄人。从新生代农民工的观念讲，存在以下新特征：一是外出就业动机从"改善生活"向"体验生活、追求梦想"转变；二是对劳动权益的诉求，从单纯要求实现基本劳动权益向追求体面劳动和发展机会转变；三是对职业角色的认同由农民向工人转变，对职业发展的定位由亦工亦农向非农就业转变；四是对务工城市的心态，从过客心理向期盼在务工地长期稳定生活转变；五是维权意识日益增强，维权方式由被动表达向积极主张转变；六是对外出生活的追求，从忽略向期盼精神、情感生活需求得到更好地满足转变。同时，也存在着一些问题，如工资收入水平较低、务工地房价居高不下，是阻碍其在务工地城市长期稳定就业、生活的最大障碍。新生代农民工的教育程度和职业技能水平滞后于城市劳动力市场的需求，是阻碍其在城市长期稳定就业的关键性问题。受户籍制度制约，以随迁子女教育和社会保障为主的基本公共需求难以满足，是影响其在城市长期稳定就业和生活的现实性、紧迫性问题。职业选择迷茫、职业规划欠缺、学习培训的需求难以有效实现，是阻碍其实现职业梦想不可忽视的因素，情感、精神的强烈需求不能很好地满足，是困扰他们的首要心理问题，也是在现实生活中最少得到关注的深层问题。劳动合同签订率低、欠薪时有发生、工伤事故和职业病发生率高等劳动权益受损问题，是其亟须解决的突出问题（全国总工会新生代农民工问题课题组，2010）。新生代农民工在外出动因上，越来越多的年轻人将外出打工作为体验城市生活、学习知识技能、寻求发展机会的主要途径。新一代农民工的流动动因比第一代更加分散和多元（周可、王厚俊，2009）。

有学者还从"流动人口"的概念来研究农民工问题。流动人口与农民工，概念在内涵和外延上均存在着差别。但是，数据表明农民工已经成为当今流动人口的主体。流动人口中还包含了一些离开户籍地的城镇人口。有学者认为中国城市农民工也进入到代际转换时期，新生代农民工成为流动人口的主体。第一代进城务工人员与第二代进城务工人员之间的代际差异使流动人口犯罪呈现新的趋势（刘里卿、张杰英，2014）。

二、我国新生代农民工犯罪及被害状况

（一）农民工犯罪现状

早期对农民工犯罪研究的学者张宝义认为，伴随中国的城市化进程，农民工犯罪呈现出许多值得关注的特征。近几年来农民工财产犯罪的比例不断降低，然而农民工的暴力犯罪及以"乡缘"关系为纽带的共同犯罪有严重化的趋势。农民工犯罪有较为明显的季节性，其犯罪发生频率在每日 24 个时段上的分布较为清晰。农民工犯罪空间上的形态分布不断分散化。另外，农民工犯罪被害人的"选定"具有较强的随机性，熟人之间的犯罪侵害以同乡为最多（张宝义，2007）。根据 1996 年、1999 年

和 2002 年对天津市农民工犯罪人的统计，城市农民工的犯罪时间有诸多特定性。农民工进城工作的次数越多，犯罪的比例就越低。农民工第一次犯罪的时间与进城时间长短成反比，进城时间越短则犯罪比例越高。从天津的犯罪调查看，农民工进城的次数越多，其犯罪发生的可能性就越低，在农民工犯罪人中，犯罪发生最高的群体是那些进城次数较低的农民工，其原因总体上还是农民工对城市生活的适应与融入问题。但是该学者随后观察到，这样的趋势在近几年有"弱化"的趋向，总体表现为农民工进城后第一次犯罪时间后移的倾向。这种变化给了我们一个基本提示，即城市农民工的犯罪有可能从不适应城市生活的"非相容"性的犯罪向"相容"性犯罪发展。以上趋势变动对未来城市犯罪的总体格局会产生结构性的影响（张宝义，2006）。新生代农民工罪犯初到打工地点的第一年犯罪率最高，并随时间的推移而呈逐渐降低趋势（林彭、余飞等，2008）。

以浙江省温州市 2008 年至 2012 年各级公安机关共打处农民工违法犯罪人员为样本的研究发现：一是农民工违法犯罪人员总量大，新生代农民工违法犯罪人员大幅增多是决定因素；二是新生代农民工与第一代农民工相比，轻微的违法比例在减少，犯罪比例在增加，第一代农民工则是轻微违法犯罪居多；三是新生代农民工男性违法犯罪比例更高；四是新生代农民工违法犯罪人员文化程度也不高，但初中文化人员比例在增加；五是旅馆、出租房是农民工群体的主要栖身之所，但新生代农民工与第一代农民工相比落脚旅馆的在增多，落脚出租房的在减少；六是新生代农民工犯"两抢一盗"案件比例高，第一代农民工犯"黄赌毒"案件比例高；七是新生代农民工违法犯罪人员的平均年龄为 22.8 岁，青少年人群是犯罪主体；八是新生代农民工重新作案的概率比第一代农民工高；九是新生代农民工团伙作案特点更显著；十是新生代农民工以云、贵、川增加最快，其中以贵州省籍居首，而第一代农民工以赣、皖为主，其中以江西省籍居首。新生代农民工中，违法犯罪人员只占全部登记人数的 2.0%～2.5%，因此不能戴着有色眼镜来看待农民工群体违法犯罪的问题（林君、刘婷，2013）。

新生代农民工犯罪的原因，有学者认为，一是文化冲突与制度性歧视是流动人口犯罪的潜在诱因。低等公民的处境与部分城市居民莫名的优越感和排斥行为，导致两大群体间的隔阂和对立。这种隔阂、对立的情绪极易导致冲突型犯罪的发生。二是自身素质不足与保障机制欠缺是流动人口犯罪的直接原因（康均心、杨新红，2010）。

（二）农民工被害情况

学者张宝义在对天津的调查中发现，农民工犯罪被害人有较为明显的特征：被害人以男性为主，以青年为多。农民工犯罪由于具有一定的随机性，所以针对陌生人的犯罪侵害比例较高。在熟人之间的犯罪中，农民工侵害"同乡"的比例居于首位。面对被害人的过错行为，农民工犯罪人多有"忍气吞声"之嫌，但如果被害人的行为过错危及农民工自身财产，犯罪行为很容易发生。从比较的结果看，两类犯罪人与被害人之间的关系存在明显的差异或不同。对于犯罪农民工而言，其与被害人之间"不认识"的比例非常突出，而城市居民犯罪人的相对较低。以上情况说明了一个基本的现象，即农民工随机性的犯罪侵害更为明显，其犯罪所侵害的被害人也有更多的不确定性。而城市居民的犯罪虽然也存在比较严重的随机性侵害的现象，但与农民工犯罪相比，针对相识者发生的犯罪侵害更明显许多。此外，除"同乡"关系占据了重要位置外，"同事"与"邻里"之间的社会关系也占了较大的比例，该部分的矛盾关系，才是真正意义上反映的农民工与城市居民的矛盾，这种矛盾表现在农民工与城市居民的业缘与地缘方面的矛盾性。通过以上的分析，我们可以得出一个有价值的结论，即那种认为农民工犯罪主要是由农民工与当地城市居民非融合性矛盾所致是一种片面的观点，而农民工之间在城市环境下社会关系的变异与冲突，是农民工犯罪的重要原因（张宝义，2006）。

三、新生代农民工犯罪问题的研究方法

总体上讲，国内采取科学实证方法的文献并不多，现有文献在研究设计上存在着许多缺陷和问题，影响了结论的可信度。

多数关于农民工的研究在三个方面留有遗憾：一是研究对象的界定模糊且各不相同。二是污名化和标签化。新生代农民工动辄被贴上"高消费、贪图享受、不能吃苦"等标签，甚至冠以他们"犯罪率高"的污名，这种简单武断的结论无助于把握真实状况。三是未考虑生命周期。年轻农民工逐渐取代年老农民工是代际更替的必然，并不是"新"事件，而且由于所处生命周期不同，不同年龄段的人群经历的社会背景和发生的生命事件也不同，由此所产生的代际差异也是必然的。因此，这就要求我们非常慎重地对新生代农民工的生存发展状况进行价值判断（段成荣、马学阳，2011）。

一项关于对监狱中新生代农民工犯罪情况调查，采取了实证研究的方法。一是抽样调查，采用分层抽样的方法，抽样根据"新生代农民工"罪犯在各监狱的分布情况进行。分层抽样根据总体在各监狱的分布情况，按比例在各监狱随机抽取相应数量的个案。二是深度访谈，在抽样调查过程中，调查员根据调查提纲，对从 6 个监狱随机抽取的 18 位"新生代农民工"罪犯个案进行了访谈（林彭、余飞等，2008）。学者通过对广东省某监狱 801 名新生代农民工展开调查（尹华飞、杨龙胜，2008）。另外一项研究是以武汉的新生代农民工为调查样本展开研究，描述了新生代农民工犯罪的基本特征，对新生代农民工的基本生活状况进行流动前后的对比调查。该调查共发放问卷 168 份，最后回收有效问卷 168 份，通过对数据的

统计分析，我们认为新生代农民工的基本原始背景、城市社会交往状况、城市社会的接纳程度及自我身份认同是新生代农民工犯罪的重要社会成因（金小红、陈明香，2011）。

上述研究设计主要缺陷在于，由于抽样只限于研究者所定义的新生代农民工，没有抽取其他身份样本，因而，之后的分析由于缺乏不同身份比较，既无法来分析新生代农民工群体与其他群体差异性，更不能分析农民工群体之间的代际差异性。此外，有些调查样本容量太小，使得样本不具有广泛性和代表性。

在大样本的实证调查方面，全国总工会成立的新生代农民工问题研究课题组，先后赴辽宁、广东、福建、山东、四川等省的 10 余个城市，就新生代农民工问题进行深入调研，并在广泛收集文献资料的基础上，形成此研究报告（全国总工会新生代农民工问题课题组，2010）。段成荣教授使用国家人口和计划生育委员会 2010 年 5 月的流动人口动态监测调查，分析新生代农民工状况具有两点优势。首先是数据较新，之前的研究所使用的数据尤其是大样本的数据相对较旧，不利于了解快速分化的农民工群体的最新状况；其次样本量达到 10 万左右，在全国范围内有较好的代表性（段成荣、马学阳，2011）。

其他的实证调查，如刘传江在 2005 年组织课题组到武汉市武昌区、洪山区 25 个建筑工地、酒店餐馆、集贸市场、工厂等农民工集中的场所各随机抽选 20 名农民工、总样本 500 人作为调查对象，对农民工的基本信息、外出务工、农村承办土地、社会保障以及农民工生存状态进行了面对面访谈型问卷调查。调查完成后通过数据清理和逻辑检验的有效问卷为 436 份，其中第一代农民工有效样本为 304 个，第二代农民工有效样本为 132 个（刘传江、程建林，2008）。王春光开展有关社会认同与城市融合的调查，采用问卷抽样法，在温州市、杭州市和深圳市三个城市进行。考虑这些是我国沿海经济发达、比较开放的城市，农村流动人口比较多,他们来自全国各地,相对来说比较有代表性(王春光,2001)。

此外,为更好地说明新生代农民工的社会认同和生存状态,分析新生代农民工与第一代农民工的代际差异,有学者选取浙江丽水、温州两地为调查点开展实证研究。在调查对象的选取上,按照农民工的年龄比例,以两地市内正式或非正式就业的农民工,及在市区定居、经商的农村人口,包括30岁以上的第一代农民工和16岁至30岁的新生代农民工为调查对象(张祝平,2011)。

也有学者采取二手资料展开研究。该文献分析流动人口犯罪特征的基本资料取自作者自1999年起收集的《新民晚报》对流动人口犯罪的案件报道。由于剪报延续时间较长,一定程度上避免了由于新闻过滤产生的信息偏差,对于普通刑事、治安案件具有相当的覆盖面和代表性。从剪报信息中提取了报道时间、发案时间(开始时间、结束时间)、犯罪地点、犯罪类型、作案人数、嫌犯性别、嫌犯来源地、被害人性别、被害人来源地等信息,用354个来自《新民晚报》的流动人口犯罪案例分析上海流动人口的犯罪特征及其时空规律(丁金宏、杨鸿燕等,2001)。另一篇文献分析上海流动人口犯罪的基本资料取自上海《新闻晨报》和《新闻晚报》2003年1月至2005年6月对流动人口犯罪的案件报道,共收集外来流动人口犯罪的案例总计945个。由于新闻资料不可能完全反映上海流动人口犯罪情况,所以在犯罪数据统计方面可能与公安局统计数据有一定出入。由于本文所分析的新闻资料时间跨度比较长,而且选取的新闻资料具有代表性和较大的覆盖面,所以基本上能真实反映上海流动人口犯罪情况(王桂新、刘旖芸,2006)。

四、新生代农民工犯罪问题的深层次原因

（一）农民工的社会资本与制度性歧视

由于长期的城乡二元分割，人为形成的"两个世界"，新生代农民工与城市居民之间形成种种隔阂。城市居民由于拥有相对优越的资源、利益分配权力、身份、地位意识和观念而对新生代农民工怀有偏见，刻板地将他们视为"外地人"，认为他们素质低下，"小农意识"强烈，从而在思想和行为上都表现出排斥性。城市居民对新生代农民工的社会排斥使他们普遍具有被歧视感，这种被歧视感又进一步在心理上影响到他们与城市居民的交往，使新生代农民工交往的对象和范围主要局限于基于血缘、亲缘和地缘关系的家人、亲戚、朋友和老乡身上，由此导致新生代农民工群体与城市市民群体之间存在着严重的心理隔阂，形成新生代农民工城市生活的另一种"内卷化"状态和"心理孤岛"现象，造成新生代农民工与城市市民共同生活"有交往没有交流"，处于一种"镶嵌式"状态，形成封闭的群体性生活。他们游离在农村与城市之间，"城市边缘人"的社会角色让他们面临着巨大的心理落差，强烈的迷茫和不安时常笼罩在他们内心深处。在这种心理落差下，新生代农民工比上一代农民工少了几分坚韧，在面对挫折和压力时不少人选择了逃避，甚至有极端者选择了死亡，稚嫩的翅膀被过早地折断。在社会上吵得沸沸扬扬的富士康农民工"十二跳"的自杀连环事件，就十分鲜明地映射出新生代农民工的精神生活、精神抚慰和人文关怀缺失的严峻性（李贵成，2013）。

王春光认为，新生代农民工的交往圈很小，基本上限定在老乡之间。农村流动人口作为外来者，基本上与流入地社会没有很多的交往，这在新生代农民工那里也是一样的。相比他们与当地人的交往情况，他们更少地参加当地社区的集体活动。新生代农民工当然也延续着第一代农民工的这

样一种行为方式，即以聚群的生活方式为主，重视内群体交往，缺少群际交往（王春光，2001）。

在制度公平方面，农民工能否得到政府一视同仁的对待呢？显然大多数人给予否定的回答。首先，他们中有绝大多数的人（占61%）觉得当地政府管理部门根本没有可能为他们提供排忧解难的服务和帮助，假设能被给予这样的服务和帮助，则有65.7%的人认为政府管理部门不会给予他们与当地人一视同仁的对待。值得注意的是还有5.9%的人认为他们的困难主要是来自"受当地政府管理部门的欺负"，也就是说，他们认为当地政府的一些管理部门本身就是农村流动人口的困难制造者（王春光，2001）。

国际劳工组织在《关于就业和职业歧视公约和建议书》中规定：歧视一词包括任何根据种族、肤色、性别、宗教、政治观点、民族、血统或社会出身所作的区别、排斥或优惠。消除新生代农民工的身份歧视方面，首先是政府动员，即政府应当调整社会的价值认同体系和评价模式，号召社会各阶层尊重、理解和帮助新生代农民工及其他社会弱势群体。其次是传播动员，即媒体应当"以正确的舆论引导人"，大力宣传党和国家关于农民工的方针政策，宣传农民工在改革开放和现代化建设中的突出贡献和先进典型，加强保障农民工权益的舆论监督。还有，要通过意见领袖动员来减少社会歧视。政界领导、公众人物、社会名流、专家学者等权威人士都可以是意见领袖，他们包容宽厚的思想和言行往往能够影响许多人，他们因此成为社会大众行为和观念的参照对象（何海，2009）。

（二）农民工的身份认同与社会融合问题

身份是指一种出身或社会位置的标识，而认同旨在表达与他人相似或相异的归属感和行为模式。身份认同是个体对自我身份的确认和对所归属群体的认知以及所伴随的情感体验和对行为模式进行整合的心理历程。它回答了两个问题：我是谁，我归属于哪个阶层。同时也表征了身份认同结构的三个方面：认知、相伴随的情感和相应的行为表现（张淑华、李海莹等，2012）。王春光认为社会认同的概念，涵盖了身份认同。社会认同，包括对自我特性的一致性认可、对周围社会的信任和归属、对有关权威和权力的遵从等，需要考察他们的身份认同、职业认同、乡土认同、社区认同、组织认同、管理认同和未来认同等七方面的情况（王春光，2001）。

一是社会身份的自我认同。新生代农民工认为自己是城里人的比例比第一代农民工高 4 个百分点。在认为自己不是城里人并占多数的农民工中，第一代农民工认为户口身份是限制自身没有成为城里人的首要原因，而新生代农民工则认为在城里很难找到一份自己满意的工作是自身没有成为城里人的首要原因。这不仅反映出新生代农民工对自己城里人的社会身份的认同感在提高，而且他们中更多的人还认为不是外在的户口状况而是隐性户籍墙，成为他们转变社会身份的最大障碍（刘传江，2010）。在未来归属倾向与自我身份认同方面，第二代农民工中有 69.9% 的人倾向于认为自己是城市中的一员，应该得到和城里人同等的社会地位，就第一代农民工来讲，他们未来归属倾向的系数呈负数，这充分说明第一代农民工从来没把自己当作是城市的一员，就其身份而言，他们仍是农民。而第二代农民工他们的市民化意愿在逐步增强，反映了他们强烈的留城愿望。第二代农民工对未来的打算与第一代农民工从农村到城市最后返乡的经历有很大的不同，第二代农民工中的大多数打算通过多种途径尽量留在务工地（刘传江、程建林，2008）。新生代农民工开始减弱了对城乡户籍制度所赋予他们的农民身份的认可，开始趋向于看重社会对他们的农民身份的认定。当然，要完全区别制度性认可和社会性认定，是比较困难的，因为两者之间本身就存在着相互影响、相互加强的关系。制度性身份对新生代农村流动人口的影响在相对减小，或者他们开始更看重的是社会对他们的认定。调查结果表明，被调查的新生代农村流动人口中只有 47.3% 的人想改变农民身份，而有 51.9% 的人表示不想改变现有的农民身份（王春光，2001）。对于城市生活和未来预期，新生代农民工表现出较高的自信和乐观态度。从调查数据的分析情况来看，有 53.8% 的调查对象不认为在城市里工作生活地位很低，有 56.25% 的调查对象不认为在城市里工作生活受歧视。统计结果显示，有近 60% 的被调查者选择了农村人，有 12% 左右的被调查者认为自己就是城市人，这说明新生代农民工对自己的农村人身份仍然有着很强的认同感。调查中也发现，有 40% 多的新生代农民工认为自己已经适应城市生活（张祝平，2011）。

二是社会身份的他人认同。王春光在调查中发现，大多数人还是觉得当地人对他们不那么友好或者谈不上友好，其中有些人不愿发表确切的评价或者他们觉得难以作出总体评价，于是用"一般"来表态。交谈中我们发现，这些说"一般"的人实际上并不认为当地人是友好的，与他们的关系还是比较疏远，接触不多，但也没有发生什么冲突，总之觉得自己与当地人不属于同类人（王春光，2001）。当地人对流动人口的态度显然会直接影响到流动人口对当地社会的感觉，两者之间存在着中强度的相关。在流入地社会，是否参与当地组织以及对这些组织的认同，是衡量农村流动人口对流入地社会社区认同的一个重要指标。调查表明，绝大多数人没有参加任何组织。在身份歧视方面，有学者在对广州市区的调查中发现，就业过程中感到有很强歧视的第一代农民工为 7.87%，第二代农民工为 1.15%，下降了 6.72%，选择没有歧视的第一代农民工为 65.4%，第二代农民工为 68.96%，上升了 3.56%，说明第二代农民工由于文化水平较高，和城市居民的交流障碍减少，环境适应能力强，更容易融入城市，而选择有一些歧视的第一代农民工为 26.73%，第二代农民工为 29.89%，表明随着文明程度的提高，广州城市居民歧视民工的不文明现象虽然有所减少，但是还依然存在着歧视外来民工的现象（周可、王厚俊，2009）。

三是公民身份问题。王春光提出了实现"农民工"的"公民身份"问题。借鉴马歇尔的公民理论，所有的中国公民都应享受平等的就业机会、居住机会、受教育机会、社会保障机会、社会参与机会、起码的医疗卫生服务、基本生存安全等由国家社会政策提供的福利权利。对新生代农民工而言，也不例外，具体到他们在城市的生存、发展以及融入，最需要关注的是城市是否给予他们与城市其他人口同等的机会以及国家是否确保他们的公民身份（王春光，2010）。

"公民身份"是由国家法律规定的国民资格，它由体现公民地位与资格、应当承担的义务和可以享有的权利、德性与能力等诸多要素构成。在社会主义民主政治条件下，公民身份的本质在于社会中公民权利的平等，因而实现、体现和维护公民身份，在于政治权力、制度、政策（含法律）等，能够有效降低社会不平等，特别是消除贫困。在中国，农民和市民分别是农村社区和城市社区的成员；由于历史以及现实的种种原因，农村社区成员身份实际所享有的政治权益、经济权益、社会权益以及文化权益，要少于城市社区成员身份，结果导致"作为公民的农民与作为公民的市民所拥有的公民权利事实上会有很大的差别"。在这个意义上，当前中国公民身份以及公民权利的不平等本质上是因为社区身份这一非公民身份对公民身份的僭越，以户籍制度为基础制度安排的城乡二元体制则是对这一僭越的制度化固定。实现平等公民身份为取向的农民工公共政策，采取基于城市经济社会发展策略需要以及社会权利失衡发展的行政赋权实际上是通往平等公民身份的歧途，而实现平等公民身份的出路是劳动赋权。党的十八大报告明确提出要"加快改革户籍制度，有序推进农业转移人口市民化，努力实现城镇基本公共服务常住人口全覆盖"。尽管上述政策的"落地"效果尚有待观察，但其反映出来的变革趋势对于农民工平等公民身份及公民权利的实现无疑具有重大意义（冷向明、赵德兴，2013）。

（三）农民工的经济状况与犯罪关系

陈春良就收入差距、劳动力市场与刑事犯罪的关系作了较为深入的研究。在他的研究中，将扩展的犯罪经济学模型中推导了收入差距对刑事犯罪行为的作用机制，并利用 1988—2004 年我国省级面板数据对收入差距与刑事犯罪行为之间的因果关系展开计量分析。在控制了时间固定效应、省份固定效应及其他相关社会经济变量之后，分析结果表明，相对收入差距每上升 1% 将导致刑事犯罪率显著上升 0.37%，绝对收入差距每上升 1%，刑事犯罪率将显著上升 0.38%，该结论在一系列敏感性分析中保持稳健（陈春良、易君健，2009）。以 2000—2008 年的城市面板数据，得出了工资收入每扩大 1%，平均而言将导致刑事犯罪率上升 0.167%。这个结果略低于国内已有研究总体收入不平等影响刑事犯罪率的估计。一定程度上印证了大城市集聚了更多非法获利的机会，犯罪潜在收益更高（陈春良，2010）。上述文献提出了收入差距与刑事犯罪率之间的正相关关系，同时提出转型期我国犯罪向大城市聚焦的现象，其主要原因之一就是大城市相对劳动力市场的收入差距相比小城市更大，因而会导致更多的犯罪。

虽然受教育程度较之第一代农民工有了普遍提高，但是与城市里大批接受过高等教育的同龄人相比，新生代农民工显然在二元劳动力市场上不具有优势，其在就业环节上始终处于弱势地位，难以涉足第一劳动力市场，更多地被排斥在次级劳动力市场（李贵成，2013）。当贫困地区的人群流向大城市后，一下子接触到城市中的高收入、高消费、高福利，他们的相对丧失感是很强的。这就可以部分解释三种现象：第一，为什么犯罪集中发生在城市？第二，为什么城市中犯罪成员大多是从农村流向城市的流动人口？第三，为什么流动人口犯罪中侵财性犯罪突出？这主要是因为工业化社会的城市环境使许多人看到自己的生活水平低于其他城市居民而感到被剥夺，而人们企图用非法的手段使他们所感受的剥夺得到补偿（路易丝·谢利，1986）。基尼系数愈大，人们的相对丧失感愈强，而人们的相对丧失感愈强，从事犯罪活动的可能性就愈大，这就是相对丧失论的基本理论框架（麻泽芝、丁泽芸，1999）。

在犯罪预防对策上，应当通过多样化的政策组合设计，着力改善提高城市部门低收入群体在劳动力市场中的竞争力和生存状况，尤其是通过技能培训、在岗培训计划等方式，增强农村转移劳动力资本积累提升的边际产出，要打破劳动力市场的"二元"分割，实行平等就业制度，只有这样才能更好地发挥并兑现城镇化发展的要素集聚效益（陈春良，2014）。

（四）留守儿童经历对农民工的影响

农村儿童的父母至少有一方外出时被界定为农村留守儿童（谭深，2011）。是否有留守经历需符合两个基本特点：一是父母的流动经历，二是调查对象在儿童阶段是否在户籍地居住。如果被调查者父亲或母亲外出流动，并在户籍地读小学、初中或高中，则界定其在外出流动以前有留守经历（吕利丹，2014）。

父母均不在身边、不能直接的抚育确实导致不良的家庭环境，引起或诱发了儿童不良人格因素，不良人格因素表现为或导致了儿童行为问题和学业不良。我们对于双亲外出的留守儿童做了进一步的细分，发现与父母分离时间越长，留守儿童的心理健康水平越低，各种心理问题越突出；与兄弟姐妹生活在一起的留守儿童，其心理健康状况明显好于没有与兄弟姐妹生活在一起的留守儿童。总体来讲，农村留守儿童确实处于不利的情势，但留守儿童问题不单纯是留守所带来的问题，而是与更广泛、更深层的社会问题关联在一起，不可能通过一揽子行政措施和零散的项目解决。它是一个既紧迫又持久的问题，因此，对于政府、社会组织和每一个关注者来说，都任重而道远（谭深，2011）。据六普全国数据估算，全国15—17岁的高中学龄阶段农村留守儿童规模高达809万，这些儿童一旦终止

49

学业，受父母外出务工经历的影响，比农村其他儿童更有可能立即加入到流动人口的队伍中。一旦外出打工，他们的身份便立刻转换为"新生代流动人口"（吕利丹，2014）。新生代流动人口中的青少年相当一部分是在高中学龄期间离开户籍地开始流动的，这一时期外出打工的青少年明显在教育机会上处于劣势（段成荣、吕利丹等，2013）。

然而，目前对留守儿童问题存在着许多认识误区。一是留守儿童存在的问题有被夸大的趋势。"长期与父母分离使他们在生理上与心理上的需要得不到满足，消极情绪一直困扰着孩子，使他们变得自卑、沉默、悲观、孤僻，或表现出任性、暴躁、极端的性格"（王玉琼、马新丽等，2005）。该文章对研究方法的交代很笼统，具体的数据没有论证过程。二是将留守儿童的不良问题简单归咎于父母的外出。说明这些问题的原因是非常复杂的，也说明调查留守儿童，一定要以非留守儿童作为参照。由于问题的判断太触目，在一段时间内形成了留守儿童是问题儿童的基调，甚至对后来的研究和社会舆论，造成了某种误导（谭深，2011）。

在父母外出的留守子女与父母在家的儿童进行了比较调查后，发现父母外出与否和孩子的学习成绩并没有很大的相关性，其原因是农村父母普遍地教育观念淡薄，而且事实上农村父母没有也无力对孩子的学习进行辅导（朱科蓉、李春景等，2002）。综合2005年1%人口抽样结果和几项多个地区调查，留守儿童中大约有半数是与父母一方生活在一起的；半数是父母双双外出的，其中多数由祖辈照料，少数被托付给亲戚朋友照料，或兄弟姐妹相互照料，个别的自己独立生活。由祖辈照料的所谓隔代监护受到了较多的质疑，在留守儿童的诸种问题中占据重要部分（段成荣、杨舸，2008）。但是不论是哪个调查，都显示农村留守儿童的受教育状况好于农村非留守儿童。每个年龄段中未按规定接受义务教育的比例留守儿童都低于非留守儿童。她甚至认为，在这个意义上，也可以说留守儿童的规模问题是个伪问题（罗国芬，2005；罗国芬、佘凌，2006）。

此外，作为农民工子女，流动儿童与留守儿童是一个群体而不是两个群体，无论流动还是留守，都只是一种状态，而不能作为一种身份或标签。留守儿童的消极心理还来源于被污名化产生的歧视知觉。北师大的研究团队在对儿童生活事件与心理健康关系的研究中发现，留守儿童的总体生活压力事件水平显著高于非留守儿童，但是在各项心理健康指标的得分上无显著差异。留守导致的家庭成员在时空上的隔离虽然给儿童造成心理上、情感上的一些负面影响，但是并没有影响家庭的完整性和家庭成员的认同感，其原因就在于农村固有的亲属网络提供了他们可资利用的社会资本（姜又春，2007）。

相关研究还发现，留守经历负面影响的显著性水平很高，但是与性别、年龄和教育程度等个人基本特征变量相比，其影响程度非常有限。外出年龄的影响十分明显，外出年龄的影响显著，控制其他条件下，较早外出打工的农民工其当下经济地位相对较低，反之则较高。控制年龄、性别、教育程度、婚姻状况、外出时间、单位和行业性质等条件下，留守经历对新生代农民工的收入有明显的负面的影响；留守经历与外出年龄对收入有明显交互影响，在低龄外出者中，留守经历的正效应表现明显，随着外出年龄增长影响程度减弱，在 20 岁以后外出者中留守效应甚至变为负数。此外，新生代农民工有留守经历表示其父母已经有一定的流动经验积累，这对于其外出后的就业和生活都能带来正效应。越早外出打工的新生代农民工其当下经济地位就越低，经济地位越是处于劣势的情况下，留守经历代表的父母流动背景对其收入的积极影响就越是显著地表现出来。留守经历和父母的流动背景越是能帮助其获得比没有留守经历的同批人更好的收入，这样的现实可以称之为"流动拉力"，这样的收入正效应对农村青少年及其家庭来说具有一定的诱惑性，这实际上强化了农村地区的大龄儿童、尤其是大龄留守儿童更早放弃学业外出打工（吕利丹，2014）。

当前中国农民户籍人口在城市务工经商的情况已经极为普遍，以至成为当前中国社会的基本结构，这种结构被称为"以代际分工为基础的半工半耕"结构，一个农民家庭中，年轻子女外出务工，年老父母留守务农（贺雪峰，2014）。从某种意义上，留守儿童、留守老人成为农村与城市的纽带。留守儿童的生活经历对新生代农民工的影响，需要审慎评价。

（五）农民工利益诉求表达和维权

相比第一代农民工，新生代农民工的诉求表达意愿更为强烈。相对受到不公待遇，新生代农民工更趋向于通过自身的努力进行维权，即使是采取非法的手段。调查以·1980 年以后出生，年龄在 16 岁以上，户籍在四川农村的外出务工青年为对象。调查发现，由于文化程度、政治面貌、就业状态的不同，新生代农民工在对待自身权益被侵害时的诉求和对群体性事件的态度呈现出较大的差异。文化程度高低与新生代农民工理性对待自身权益诉求的行为方式有重要关联，受教育程度越高，其态度越理性；劳动权益保障的好与坏，工作相对稳定与否，与新生代农民工维护自身权益的态度有重要关联，签订了劳动合同的新生代农民工人群和工作相对稳定人群的态度更趋理性；新生代农民工中的党、团员就整体素质而言，高于他们中的普通群众。调查还发现，工资是否被恶意克扣和拖欠是新生代农民工关注的重要内容，也往往是引发各类群体性事件的重要导火线。关于新生代农民工对工资被拖欠或克扣时的态度，调查发现，76.85%的人都表示愿意通过协商、调解和法律帮助的途径来维护自己的权益，表示准备通过极端的"暴力解决"方式的仅有 2.37%（张岷，2013）。2011 年杭州出租汽车的停运事件，就暴露了当前"三同"人员（即同乡、同业、同居住区）引发大规模群体性事件的危险性。2011 年浙江湖州织里事件，更是凸显了农民工维权表达不畅带来的潜在风险（金诚、李树礼等，2014）。

（六）农民工社会融入的制度分析

首先，城乡二元结构的影响。在当前，农民工作为公民所应享受的平等的合法的自由权、劳动权、居住权、福利权和教育权等基本公民权利依然难以得到平等的保护，最根本的原因在于城镇政府并没有给予农民工与城镇其他人口普遍的平等机会资源，当前农民工政策的变化很大程度上不是以促进农民工城镇融入和市民化为目标取向的，而仍仅将其视作城市的临时人口和劳动力来源（冷向明、赵德兴，2013）。

我国是当前发展中大国里唯一没有大规模城市贫民窟的国家，从当前城乡二元结构来看，附着在户籍背后的福利已经越来越少，农民进城的制度限制基本没有了。当前农民进城的主要障碍是经济收入太少，没有稳定的可以体面生存的就业机会，而不是户籍制度的问题。进城农民与农村家乡之间的联系，以及造成这种联系的特殊制度安排，为中国城市化提供了与其他发展中国家相当不同的路径，为中国现代化提供了与一般发展中国家相当不同的可能。中国特殊的制度安排是新中国的历史遗产，一是城乡二元结构，二是中国农村土地集体所有制分户承包的基本制度。过去二元结构是对农民的剥削性结构，现在则成为了保护农民的结构（贺雪峰，2014）。

对城市入户问题，尤其是废除农业户口的问题，对于进城务工者而言，并非如一些专家和学者想当然地认为他们有那么的迫切。根据2010年国家人口和计划生育委员会流动人口监测调查数据，如果不涉及承包地等土地问题，80前农民工愿意转变为"非农户口"的人数占比为20.15%；如果要求农民交回承包地，愿意转变为非农的人数占比就下降到11.04%。而80后农民愿意转非农户口的人数占比为24.66%，如果要求其交回承包地，则愿意转户的比重就降低到12.8%（张翼，2011）。农民工之所以没有转城市户籍的积极性，是因为当前城市户籍并不能为进城农民工带来在城市安居的特殊保障，他们难以在城市获得体面安居所需要的最低收入条件。反过来，当前的城乡二元结构让农民可以返回家乡，有家乡可以返回，就可能使城乡二元结构成为保护农民这一市场经济中的弱势群体的制度安排。从而形成了以"代际分工为基础的半工半耕"结构为基础的老人农民和小农经济（贺雪峰，2014）。

有关城市化与贫民窟的问题。欧美日等发达国家不存在大规模城市贫民窟，城市居民大都有稳定的就业和较高的收入，可以在城市体面的安居，即使城市中的贫困人群也大都可以得到比较有保障的失业救济和基本保障，可以廉价获得公租房。而几乎所有的发展中国家，无论城市化率高与不高，城市中都存在大规模贫民窟（贺雪峰，2014）。拉美是高城市化率的发展中国家，到2010年，拉美已成为仅次于北美的城市化率最高的地区，城市化率为79.6%（郑秉文，2011）。我国现存的城乡二元结构有效地消解了城市二元结构。农村对失业农民的消化能力很强。事实上，2008年金融危机导致2100万农民失业，几乎没有对中国社会乃至对农民生活造成任何影响（贺雪峰，2014）。

如果没有与新生代农民工相适应的稳定就业机会和就业保障制度，即便通过户籍制度改革将新生代农民工留在城市，也可能会因为出现大量的失业问题而导致城市形成影响社会稳定的"贫民窟"现象。这显然与我国正在积极倡导和推行的城镇化发展的终极目标背道而驰（李贵成，2013）。因此，城市的就业机会以及保障机制与城镇化，新生代农民工融入协调发展，才能避免过快的城镇化所导致的拉美国家贫民窟现象。

其次，农民工社会融入的代际差异。对于第一代农民工而言，尽管"融城难"，但他们有着较强的"乡土认同"以及务农的本领。现行的农村土地制度为其提供了底线保障，从而也可避免在工业化、城市化进程中出现的"流民"现象和类似一些发展中国家的"城市病"。与第一代农村流动人口相比，新生代农民工对家乡的认同更多地系于与亲人的情感，而对家乡其他方面的依恋在减少。从这个角度看，他们的乡土认同在降低，这直接影响到他们对未来归属的选择，使他们更可能选择"候鸟式"的生活方式（王春光，2001）。对于新生代农民工而言，他们"乡土认同"减弱，务农本领缺失，反之有着强烈的"城市梦"，"融城难"导致的后果是"非城非乡、非工非农"，即城镇与乡村的双重疏离与边缘化，成了真正"失根"的群体，现行的农村土地制度也因此失去保障功能。如此必将进一步催化和强化农村流动人口的"流动性"，在由于社会经济不景气，或其他种种原因遭遇就业危机的情况下，他们很容易演变为"流民"，成为"问题农民工"，进而引发较为严重的社会问题，影响整个国家的稳定、健康和可持续发展（冷向明、赵德兴，2013）。

虽然新生代农民工在心态和文化习俗上更接近于市民，对城市的认同感较高，具有强烈的市民化意愿。但由于户籍制度、就业制度、社会保障等种种制度安排，将他们真正排斥在了城市体系之外，使得他们融入城市社会的主观愿望、过高期望与城市体系对他们客观排斥之间的反差，事实上形成了一道巨大的鸿沟（任远、邬民乐，2006），使得他们的市民化进程受阻。同时，由于新生代农民工绝大多数不愿甚至没有能力退回到农村中务农，他们就成为了城市和农村之间真正的两栖人。大量两栖人的存在不仅引起了民工荒，还会形成问题农民工，影响城市经济发展与社会和谐（刘传江、程建林，2008）。

再次，就业满意度与社会融入问题。农民工的就业满意度是衡量农民工是否在城市找到了相对体面的工作，是否能够实现经济上的成功，以及是否实现向上流动十分重要，与其实现社会融入具有密切的关系。通过新生代农民工的生活条件、劳动条件、政府帮扶、社会关系、自身状况等五个维度指标进行分析发现：一是难以实现较高层次的就业水平。虽然新生代农民工整体受教育程度有了明显的提高，但是大多数农民工仍旧只能凭借年龄的优势从事体力劳动，就业层次较低；二是二元户籍仍然是一个无法逾越的人为制度障碍。新生代农民工由于心理上有受歧视感，难以融入到当地居民中，他们对工作所在地没有很强烈的归属感；三是居住环境不理想，就业稳定性差。居住总体情况的不理想，不仅导致他们对保障性住房的强烈需求，而且直接影响着工作热情，引发了频繁"跳槽"现象，表现为就业稳定性差；四是工资收入偏低，难以应付高额的生活成本；五是劳动时间长、强度大，合法权益被剥夺（刘娜、钱波等，2012）。

根据各省（区）农业人口比例确定各地区采集目标样本数量的比例，采用简单随机抽样与分层抽样相结合的方式，对西北四省（区）936位新生代农民工开展调查。研究发现，新生代农民工的个体特征例如年龄和婚姻状态对其工作满意度有负向影响；新生代农民工的工作状况例如合理的劳动强度、安全的工作环境、完善的社会保障对其工作满意度有正向影响；新生代农民工的心理因素，例如务工动机和对城市生活方式的态度也影响其工作满意度：发展导向的务工动机、对城市生活方式的认同有利于提高新生代农民工工作满意度；新生代农民工的个体禀赋中，良好的家庭条件、在本市务工对其工作满意度有正向影响。有三分之一的新生代农民工择业时将"职业发展"作为首要标准，说明相当比例的新生代农民工的务工追求已经从"生存型"向"发展型"转变，对工作平台和未来前景更加看重（姚植夫、张译文，2012）。

在对广州市区的农民工调查中发现，大多数农民工认为当前生活与在农村比较好，但是又不尽如人意，而第二代农民工的基本满意水平高于第一代农民工，不满意程度低于第一代，与第二代农民工追求轻松体面的工作、吃苦耐劳性较弱的传统认知不符（周可、王厚俊，2009）。以山东省为调查区域，采用分层随机抽样方法，对山东省不同地市的7个自然村412名新生代农民工生活满意度进行问卷调查发现，相比第一代农民工，新生代农民工的生活满意度并没有明显的改善，新生代农民工总体生活满意度较低（林林、胡乃宝等，2013）。

就业满意度与犯罪有着明显的关系。调查发现，新生代农民工罪犯有74.7%在犯罪前无固定工作和稳定的收入（林彭、余飞等，2008）。相比第一代农民工，新生代农民工不愿意返回农村，即使是就业不畅，从而形成潜在的犯罪群体（赵树凯，2000）。

最后，歧视与社会融入的影响。农民工往往被城市居民认为与城市的犯罪率增加相关，威胁到社会的稳定。他们也被视为被国有企业解雇的城镇居民竞争工作岗位的有力威胁。此外，公众认为农民工是无知的，他们的不幸是理所当然的。农民工有不愉快的社会交往并不少见，遭到城镇居民的回避，辱骂，或看不起。事实上，当地居民表现出的敌意已经深深伤害了农民工的自尊，歧视在农民工群体中明显存在。除了身份群体之间的歧视以外，农民工还经历一种"制度性歧视"的现象。歧视对农民工心理健康的影响力，要远超过人口学因素、社会经济因素以及心理变量因素所产生的影响。歧视势必会导致污名化（Ming and Guixin，2009）。

五、新生代农民工犯罪预防的对策建议

（一）宏观政策层面

从国家宏观政策层面讲，根据 2014 年国务院下发的《关于进一步做好为农民工服务工作的意见》，总体目标是到 2020 年，转移农业劳动力总量继续增加，每年开展农民工职业技能培训 2000 万人次，农民工综合素质显著提高、劳动条件明显改善、工资基本无拖欠并稳定增长、参加社会保险全覆盖，引导约 1 亿人在中西部地区就近城镇化，努力实现 1 亿左右农业转移人口和其他常住人口在城镇落户，未落户的也能享受

城镇基本公共服务，农民工群体逐步融入城镇，为实现农民工市民化目标打下坚实基础。明确了要实施农民工职业技能提升计划，要完善和落实促进农民工就业创业的政策，要规范使用农民工的劳动用工管理。此外，还要求各地政府要做好保障农民工工资报酬权益、扩大农民工参加城镇社会保险覆盖面、加强农民工安全生产和职业健康保护、畅通农民工维权渠道、加强对农民工的法律援助和法律服务工作等措施（新华社，2014）。

（二）理论研究层面

首先，要完善新生代农民工的社会保障问题。要着力解决新生代农民工社会保障问题，给新生代农民工以平等的社会权利，一是要加强新生代农民工维权培训，提高农民工社会保障意识。二是多渠道解决新生代农民工住房问题。大力发展廉租房，积极探索建立新生代农民工住房公积金制度，将收入水平较高的新生代农民工纳入经济适用房保障范围，推动有条件的城市将有稳定职业和较高收入水平的新生代农民工逐步纳入城镇住房保障体系。三是严惩违法行为，规范新生代农民工社会保障制度。严厉打击企业对争取社会保障的农民工的打击报复、与农民工签订"无效合同"和对政府的贿赂等行为（李贵成，2013）。

积极推进第二代农民工市民化势在必行而又任重道远。为此，需要加快户籍制度、土地流转、就业制度、劳动力市场制度、社会保障制度改革的步伐，给第二代农民工创造市民化的宏观环境，让他们具有更多的选择权，同时加大职业培训，让他们有能力在激烈的市场竞争中站稳脚跟，真正实现其在生存职业、社会身份、自身素质以及意识行为向市民的转化（刘传江、程建林，2008）。王春光认为：社会政策的整体改革是新生代农民工融入城市社会的基本前提。具体包括：一是全国实行居住证制度；二是以改革财政收入和分配体制为核心，全面推进行政管理体制改革；三是确定总体的城市化思路后，着力推进各项社会政策的彻底改革（王春光，2010）。政府部门要加快户籍制度改革的步伐，关键是要进行实质性的改革，给人们带来实惠。尽管政府希望农民工能够到中小城市落户，但是，农民工尤其是新生代的选择却是大城市。二者之间的矛盾需要得到重视。要尽快加快教育体制的改革，否则，它不仅仅妨碍教育公平的实现，还会成为妨碍城市化、现代化进程的重要因素（段成荣、马学阳，2011）。

　　其次，实现新生代农民工的政治参与。新生代农民工政治参与机制不健全、参与渠道不畅通，存在制度供给困境。新生代农民工无权参与城市社会的管理与决策，只能回到本村参加选举，由于远离家乡、信息不通等原因，众多新生代农民工不愿意回乡参加选举。于是，就出现了新生代农民工既没有参加原籍选举，又没有参加居住地选举的"悬空"状况，"两不靠"使农民工成为日益边缘化的群体（李贵成，2013）。究其原因，一是组织性载体的缺位导致新生代农民工非法维权的常态化；二是制度性平台阙如致使新生代农民工利益表达边缘化；三是话语权的缺失积聚了农民工的反社会倾向；四是自身性能力匮乏，延缓了农民工的生存境遇改善（张志胜，2011）。畅通新生代农民工政治参与的制度化渠道，给新生代农民工以平等的政治权利，一是要改革城乡二元户籍制度，二是要拓宽新生代农民工政治参与的渠道。新生代农民工工作所在地的工会、共青团、妇联应扩大对新生代农民工的覆盖，广泛吸收这一群体的先进分子，使这些群众组织真正成为其利益的保护者和权益的代言人，不断形成示范效应。应充分发挥党委、人大、政协的作用，不断增加新生代农民工在这些组织中所占的比例，让他们的声音不仅能发得出，更要能听得见。进一步巩固和加强信访制度，发挥大众媒体在新生代农民工有序政治参与中的作用。网络作为公民利益表达的新平台，也为新生代农民工提供了一个政治参与的新渠道（李贵成，2013）。

最后，要加强有关农民工特别是新生代的调查和研究，为解决农民工相关问题提供基础信息。不宜随意给新生代农民工冠以"娇气"、"奢侈"等头衔，这样做不利于真正解决相关问题。农民工问题具有长期性，不要因为强调"新生代"问题而冲淡了农民工问题本身的实质（段成荣、马学阳，2011）。

第二章　理论模型

第一节　模型和假设

一、理论模型

（一）社会分化理论

社会分化理论（Social Disintegration Theory，简称SDT），是德国著名犯罪学家威廉·黑特姆（Wilhelm Heitmeye）及美国著名犯罪学家罗伯特·阿格纽（Robert Agnew）根据他们对欧洲国家的移民（包括土耳其人移居德国）研究基础上，最近提出的一种有关移民与暴力的新理论。该理论认为：社会功能整合可以有效地实现移民身份的社会及自我认同，并促使移民自愿接受非暴力规划。而社会分化则会导致移民的身份无法实现社会及自我认同，从而增加移民实施暴力的风险（Heitmeyer and Anhut，2008）。

（二）一般紧张理论

罗伯特·阿格纽（Robert Agnew）提出的一般紧张理论（General

Strain Theory，GST）认为，犯罪和偏差行为的根源在于社会阻止个人达成社会目标形成的负面紧张，以及个体的认知、行为和情绪导致的紧张（Agnew，2006）。

二、理论假设

本研究将以社会分化理论与一般紧张理论的整合理论为理论模型，以社会分化理论所提出的三个认同为基本理论假设。在对三个认同的度量中，吸收和借鉴一般紧张理论中对三个认同的度量指标。具体理论假设如下：

第一，相比父辈，新生代农民工由于普遍没有经历过较为艰苦的生活环境，他们对生活的期待更高，对流入地的身份歧视和社会政策上的不公待遇更敏感，主观上有更为强烈的紧张感和被剥夺感，其犯罪更具有暴力性。

第二，根据社会分化理论的假设，如果新生代农民工自愿接受非暴力规则，需要满足三个条件：一是地位认同，即享有平等的就业机会及受教育权利；二是道义认同，即实现社会融入及享有社会参与权利；三是情感认同，即能够自由表达，实现自我身份的认同，获得家庭和社会的情感支持。

第三，如果新生代农民工不能实现三个认同，则会导致该群体的功能失调，进而产生不同应激：一是冷漠、服从（吸毒、自杀），二是找替罪羊（被害），三是崇尚暴力（犯罪）。

第四，社会分化理论，可以用来解释所有身份群体的违法犯罪和暴力。对于处于社会底层的城镇群体，该理论可能同样适用，即影响各身份群体违法犯罪和暴力的因素具有高度的相似性。

第五，在政策建议上，通过完善公共服务、改善生存环境、消除歧视、引导提升新生代农民工自我适应性，以实现新生代农民工的三种认同，引导他们自愿接受非暴力规则，预防和减少暴力犯罪及其他违法和越轨行为。

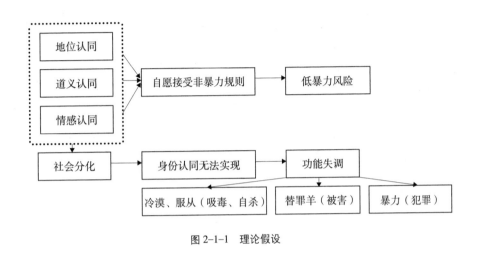

图 2-1-1 理论假设

第二节 研究思路和观点

一、基本思路

本研究以分层随机抽取浙江省若干所监狱正在服刑罪犯为样本，以跨学科的研究视角，综合应用社会学、犯罪学、心理学、法学等多学科理论，采取定量和定性相结合的实证研究方法，通过揭示当前我国新生代农民工的犯罪现状，对新生代农民工以及其他身份群体的违法犯罪与暴力及其影响因素进行度量和分析，以验证社会分化理论对我国新生代农民工犯罪问题适用性及对其他身份群体的普适性这一理论假设，并期望通过该实证研究进一步修正和发展该理论。在此基础上，提出预防我国新生代农民工犯罪和暴力行为的对策建议。

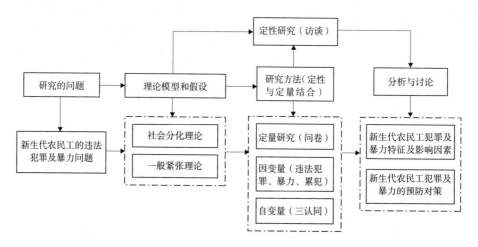

图 2-2-1　研究的基本思路

二、主要观点

（一）新生代农民工违法犯罪的现状

通过对监狱在押的各类身份罪犯的抽样调查，采取违法犯罪和暴力犯罪自我报告的问卷调查及对部分新生代农民工罪犯的访谈，比较新生代农民工与其他身份群体，以及农民工代际之间在违法犯罪以及暴力犯罪方面的差异性。本研究的因变量包括违法犯罪（包括越轨行为）自我报告、暴力犯罪、暴力犯罪的程度以及累犯等。

（二）影响新生代农民工犯罪因素分析

普遍的观点认为，由于新生代农民工社会融入受阻、留守儿童经历以及身份歧视，会导致其违法犯罪暴力行为的增加。从原因来看，影响新生代农民工违法犯罪的因素可能与教育程度、经济状况、价值导向、朋友交往、进城务工动机、歧视以及农民工代际差异和移入地社会环境和开放度等等因素有关。笔者将对上述自变量作重点度量，并将其分为三个维度，即地位认同、道义认同以及情感认同，采取相关性和回归模型等进行定量分析，并能通过对新生代农民工的访谈深入剖析犯罪的成因。此外，在分析过程中，还将考虑到年龄等干预变量以及条件变量对违法犯罪和暴力行为的影响。

（三）验证社会分化理论对新生代农民工犯罪的适用性

社会分化理论认为，移民迁移到新的社会环境后，可能会选择不同的生活道路。有些人沉入社会底层，有些同化后进入社会中产阶层，有些则既保留了原有价值观，又融入当地文化，而有人则完全被社会所孤立。美国移民犯罪问题研究发现，移民要比移入地市民更能够适应社会转型而带来的变化，因其原来的生存环境更为恶劣。第一代移民要比本地人或第二代农民工的期望更低，这也解释了为什么第一代移民比当地人更少犯罪。对我国新生代农民工而言，通常没有在家乡的务农经历，没有经历过艰苦生活，他们经常会与流入地的居民进行比较，有更高的生活期待和现实焦虑。虽然在客观上，紧张并没有那么严重，但是在主观上他们有强烈的紧张感。本研究，将通过实证研究来验证社会分化理论能否从三个认同缺失，来解释新生代农民工违法犯罪和暴力行为。

（四）社会分化理论的发展

西方关于"移民"与我国以农民工为主体的"流动人口"，在概念内涵和外延上存在着差异。但是，两者在社会化过程中的许多方面，具有共性。这也为借鉴社会分化理论来解释我国农民工犯罪问题提供了科学依据。在实证研究中，我们可能会发现三个维度中，哪些变量对违法犯罪和暴力在起作用？哪些变量没有贡献度？再有，有哪些影响我国新生代农民工犯罪的因素没有涵盖在三个认同维度设定的变量当中？通过该实证研究，我们可以更好地发展这一理论，为揭示我国新生代农民工犯罪问题，提供强有力的科学理论支持。

（五）预防新生代农民工犯罪对策建议

通过实证研究对理论验证和发展，可以提出若干预防新生代农民工违法犯罪以及暴力行为的措施。如通过提供公共服务均等化，改善流入地生存环境，提高农民工的技能，消除制度性和非制度性歧视等措施，实现新生代农民工三种认同，从而达到预防和减少其违法犯罪及暴力行为。

第三章　研究方法

第一节　研究设计

本研究采取定性和定量研究并重（Mixing Methods）的方法。在研究中，将采取以定量研究为主，定性研究为辅助的研究方法。通过定量研究，根据本研究所确定的理论模式来验证理论假设，发现新生代农民工犯罪现象的一般规律。通过对部分在押新生代农民工罪犯的深入访谈，试图解释在定量研究中所发现的结论，修正由于研究设计或研究实施过程出现的局限性而导致的认识偏差。

一、定量研究

本研究的样本，采取随机抽取监狱服刑人员为研究样本。这种样本选择，是基于如下考虑：首先，如果选择一般的农民工群体为研究对象，由于该群体流动性很强，就业岗位变动频繁，居住不固定，这些因素导致对该群体开展抽样调查带来一定的困难。其次，根据本人对农民工群体犯罪问题的前期研究，一般农民工对违法、犯罪或者越轨行为的自我报告率很低，会对研究的信效度产生影响。因此，在本研究中，拟对浙江省属监狱在押服刑人员为样本进行抽样调查。首先，监狱开展问卷调查，人员相对集中，便于一次性完成问卷调查；其次，由于监狱的服刑人员均为罪犯，在对违法和犯罪行为的自我报告方面，相对信效度要高。为了有效地开展研究，比较不同身份之间，不同的农民工代际之间的差异性，本次研究的样本拟抽取所有身份的监狱服刑人员的样本，而不是筛选新生代农民工这个特殊群体开展研究。通过不同身份和代际的比较，能够更有效地发现新生代农民工犯罪的规律。

二、定性研究

采取定性研究的方法，可以更深层次地剖析新生代农民工实施违法犯罪行为的动机及影响因素，同时也可弥补因定量研究的不足和问题。本次研究的定性研究部分，以面对面的深度访谈和座谈会的形式。对象包括：一是监狱服刑的农民工群体，包括不同代际的农民工，以新生代农民工为主，约20名；二是对部分公安派出所民警，监狱警察。

就调查计划而言，考虑到成果完成的时间要求、调查成本和效率，问卷调查与访谈将同时进行。就方法和数据融合而言，将定性和定量研究获得材料和数据整合起来一并进行分析，更有利于检验该理论对解释我国新生代农民工犯罪及偏差问题的适用性。

第二节　定量研究

一、样本

本次问卷调查的对象是浙江省监狱正在服刑的犯人，采取的是分层随机抽样。调查监狱为 4 家，分别是浙江省 Q 监狱、浙江省 T 监狱、杭州市 S 监狱以及浙江省 F 女子监狱。选取上述 4 家监狱，是考虑到犯人的分布以及代表性。以上这 4 家监狱涵盖不同的刑期，有 15 年以上有期徒刑的重罪犯，15 年以下中刑犯，3 年以下的轻刑犯以及女性罪犯。在调查中，每家监狱抽取 500 名样本，身份不限，即不仅仅抽取新生代农民工罪犯，还包括其他各种身份的罪犯，以利于比较不同身份犯人的不同情况。调查于 2014 年 7 月至 8 月进行。

（一）调查者名称

课题组以浙江省青少年犯罪研究会的名义，向浙江省监狱学会发出正式函件。根据监狱调查的相关审批规定，浙江省监狱学会将函件送浙江省监狱管理局，获得批准后，将批准的函件，发至此次被调查的 4 所监狱。浙江省青少年犯罪研究会与浙江省监狱学会，属于浙江省社会科学界联合会下属的一级学会，属于学术研究机构，具有独立的法人地位，均在浙江省民政厅注册。本课题组组长，兼任浙江省青少年犯罪研究会的秘书长。本次调查符合所有的法定程序。

（二）问卷调查的试测

以浙江省青少年犯罪研究会名义，研究人员对设计的问卷调查表在浙江省 Q 监狱进行试测。在该监狱的出监监区，分别选取了 10 名犯人进行问卷答题，并组织座谈会，征求对问卷的意见和建议。事后，课题组还对 4 名犯人（其中，3 名为外省籍，1 名为本省籍）进行了深度访谈，经对方同意对访谈做了录音。

（三）问卷调查的抽样

根据研究设计，本次抽样采取了分层随机抽样的方法。截至目前，浙江省监狱总数为 14 家，其中省属监狱 9 家，分别是乔司监狱、第一监狱、第二监狱、第三监狱、第四监狱、第五监狱、第六监狱、浙江省女子监狱、十里丰监狱。市属监狱为 5 家，分别是杭州南郊监狱、西郊监狱、东郊监狱，以及两家教养所改制的监狱等[①]。在上述 14 家监狱中，考虑到刑期以及性别，分层抽取 4 家监狱。

在被抽取的监狱中，浙江省 Q 监狱由于规模较大，下分若干个分监狱。其他监狱，一般直接下设分监区。对于各分监狱及下属监区抽样，完全是随机抽取。除在 S 监狱抽取了一个入监监区，其他均在劳动生产监区抽样。浙江省 Q 监狱抽样 500 人，浙江省 T 监狱抽取 500 人，浙江省 F 女子监狱抽取 444 人，杭州市 S 监狱抽取 492 人，合计抽取样本共计 1936 人。具体样本分布如图 3-2-1：

---

① 资料来源：浙江省监狱网，详见 http://www.zjsjy.gov.cn/zjjyj_website/html/zj_jyj/zj_jyj_dwgk/List/index.htm。

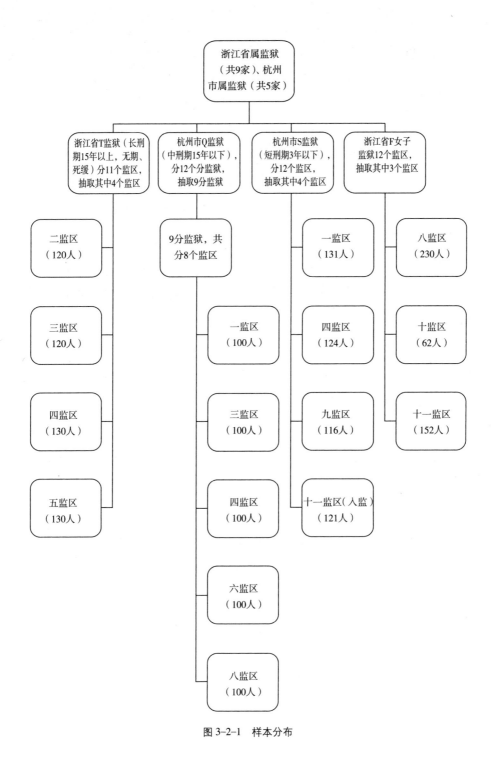

图 3-2-1 样本分布

二、度量

(一) 变量

1. 因变量 (Dependent Variable)。本研究的重点是暴力犯罪, 同时也考虑度量其他违法犯罪及偏差行为以及重新犯罪。因此, 因变量包括违法犯罪及越轨行为自我报告[①]、暴力犯罪 (入监时的判决罪名)、暴力犯罪程度 (刑期)、累犯率 (自我报告入狱的次数)。

2. 自变量 (Independence variables)。根据本选题的理论假设, 自变量从三个不同的整合层面 (Integration dimension) 选择。第一个整合层面是个体功能系统的整合 (Individual–functional system integration), 整合的形式为地位认同 (Positional recognition)。重点度量物质和文化产品的分享度: 度量的标准包括就业 (Employment)、住房 (Housing)、消费 (Consumer good)、职位和社会地位的满意度 (Esteem for occupational and social position); 第二个整合层面是交往的社会整合 (Communicative interactive social integration), 整合的形式为道义认同 (Moral recognition), 重点度量平衡社会利益冲突: 自变量包括参与政治愿意表达及决策过程 (Participate in political discourse and decision–making processes)、参与的愿意度 (Willingness to participate)、遵循平衡利益与道德认同 (公平、公正、团结) 的基本规范 (Adherence to basic norms that ensure a balance of interests and moral recognition); 第三个整合层面是文化表达的社会整合 (Cultural–expressive social integration), 整合的形式为情感认同 (Emotional recognition), 重点度量情感联系的建立, 自变量包括个体身份的群体和社会认同 (Recognition of personal identity by the group and the social

---

① 为简便, 之后的表述统一称为"违法犯罪自我报告"。

environment)、群体身份及其社会威望的社会接受和认同 (Recognition and acceptance of group identities and their respective symbolism by other groups)。在本研究中，具体三个维度的自变量包括：

（1）地位认同维度的自变量。包括教育程度、婚姻状况、家庭结构（有无子女）、父母经济状况、个人经济状况、宗教信仰、农民工工作年限、劳动雇佣的权利保障、雇主歧视、制度性歧视、居住地以及对警察的看法等。

（2）道义认同维度的自变量。包括农民工进城务工的动机、农民工进城落户意愿、交流语言、交友圈、邻里关系、价值导向、情绪以及被害自我报告。

（3）情感认同维度的自变量。包括与父母相处、父母监管、父母酗酒（吸毒）、父母离婚、家人被逮捕、亲戚朋友被逮捕、留守儿童经历、朋友亲密度、朋友犯罪、受朋友侵害、非制度性歧视、自我身份认同以及他我身份认同。

3. 控制变量（Control Variable）。

主要是入狱前的年龄。

（二）量表设计

1. 基础量表。本次调查的原始量表，来源于美国著名犯罪学家史蒂文·梅斯纳（Steven Messnor），德国暴力犯罪著名学者威廉·黑特米尔（Wilhelm Heitmeyer），美国犯罪学家鲍勃·阿格纽（Bob Agnew）以及澳门大学刘建宏教授等研究团队设计的专门针对移民学生的量表。该量表的设计初衷，是用以研究国际移民与犯罪问题，理论基础是由该研究团队提出的社会分化理论，用于研究移民的第二代或新一代社会融入的程度，以及未融入而导致的违法和犯罪问题。该量表的设计，也借鉴了国际上专门用来研究青少年犯罪的量表，即 ISRD3。

2. 量表设计。基于原始量表，在修改过程中着重考虑以下几个问题：

（1）原始量表是针对国际移民二代进行研究，其理论与本课题需要验证的理论基本一致，即社会分化理论，这为借鉴该原始量表用于修改，提供了最重要的理论依据。

（2）原始量表是针对学生的调查问题，许多问题的设计是基于学校、家庭以及同伴关系。由于新生代农民工的社会交往圈与学生的交往圈存在着明显的差异性，因此，在修改中对原始量表中关于与学校的关系，以及专门针对学生层面的问题进行删除。但是，新生代农民工的成长经历调查，对本次研究而言仍然是十分地重要。从成长经历这一角度看，原始量表中关于新生代农民的家庭状态，受教育经历，与父母的关系以及同伴的关系等问题，略作修改后，继续保留。

（3）根据社会分化理论的几个维度，我们从个体、公众、社会等认同层面，设计了相关的问题，以便将理论中涉及的概念进行可操作化的表述。比如，对本地人的看法，对社区的看法等。

（4）初步修改完毕之后，召开了课题组成员的讨论会，并请相关专家、学者对量表的修改情况提出意见。根据原来的设计，该量表是针对一般的农民工进行调查，即在不同行业务工的农民工，抽样人群可以是新生代（即80年以后出生，进城务工人员），也可以是第一代农民工。考虑到量表的一些违法、犯罪行为自我报告问题[①]，可能会出现较少的自我报告（Ren，Zhao et al.，2015）。所以，在征求相关专家意见前提之下，课题组决定对量表进行再次修改，将调查的人群设计为监狱正在服刑的农民工罪犯。以社会分化理论为理论假设，分析我国在社会转型过程中这些新生代农民工是如何走向犯罪道路的。在这次修改过程中，也征询了美国犯罪学

---

① 根据本人2009年在杭州开展的青少年违法犯罪调查ISRD2，从问卷报告的结果分析，自我报告违法行为的比例异常低，而自我报告被害的比例却相对较高。

者张乐宁教授，他对量表的设计，提出了许多有价值的意见和建议。

（三）量表修改

1. 赴杭州浙江省 Q 监狱召开座谈会（Focus Group）。本次赴 Q 监狱的调查，课题组严格地履行了相关的审批制度。目前，省属监狱管理局（隶属省级司法厅的二级局）对进入监狱开展科研工作实行严格的审批制度。我们以浙江省青少年犯罪研究会的名义，向浙江省监狱学会发出了正式公函。该公函很快获得了浙江省监狱局分管领导的批准。根据浙江省监狱的分布状况，我们挑选了四家监狱开展问卷调查，即浙江省 Q 监狱（刑期15 年以下）、浙江省 T 监狱（刑期 15 年以上）、杭州市 S 监狱（刑期 3 年以下）以及浙江省 F 女子监狱。选取上述四家监狱，考虑到监狱的特点和服刑人员的刑期长短，同时兼顾性别特征。

调查获批后，课题组赴 Q 监狱开展问卷的小范围试测，并召开了一次座谈会（Focus Group）。事先，课题组负责人提出参加座谈会人员要求如下：一是在监狱服刑期间表现较好，能够配合课题的调查工作；二是与会人员中有新生代农民工；三是其所犯的罪行有一定的多样性。根据此要求，在监狱有关人员的支持下，选取了 10 名服刑人员参加座谈。座谈会在某分部监狱的一间教室举行，会场前后有两名负责安全的监狱民警在场[1]。课题组先将问卷发给每位服刑人员填写。在填写之前，调查人员说明本次调查仅作研究之用，且为试测，让大家根据自己真正的感受回答问题，如遇到有些问题不明确或不理解的，可以记录下来，在讨论时一并提出。根据现场记录和观察，完成本次调查的时间约为 40 分钟至 1小时。随后，课题组召开了座谈会：一是让大家谈谈对问卷中哪些问题

---

[1]　出于监狱管理的安全考虑，根据监狱管理的相关安全规定，必须派警察负责现场安全。

不理解或很难回答；二是让大家谈谈还有哪些问题应该增加，没有反映出新生代农民工这一群体的价值观念和行为方式。座谈会持续了 1 个小时，并征得监狱管理方和被访者同意，作了录音记录。与会的服刑人员对个别问题提出了修改意见。但对需要增加哪些问题，没有提出更多的建议。

2. 选取了 4 名新生代农民工进行了深度的访谈。为了更好地检验量表中的一些问题是否符合新生代农民工的现实状况，课题组负责人以及成员在上午参加问卷试测的人员中选择了 4 位代表作了深度的访谈。其中的 2 位被访者，为湖南籍和浙江籍，犯抢劫罪，刑期分别为 5 年或 10 年；另 2 位被访者为云南籍和湖北籍，罪名为贩毒和盗窃，刑期为 5 年和 2 年 6 个月。为避免干扰，在课题组的要求下，访谈在服刑人员的住所楼一楼办公室单独进行，即由 2 名访谈员与 1 名被访谈人员单独进行。现场没有安排监狱的民警以及其余任何管理干部，办公室门是关闭的，没有其他的干扰因素。被访谈者比较配合，也许因为马上就要释放了，心情比较放松，总体比较健谈，没有出现拒访情形。征得当事人同意后，现场作了录音记录。通过访谈，比较集中的问题有以下几个方面，量表修订中予以考虑：

（1）新生代农民工罪犯普遍进城打工时间不是很长，工作不是很稳定。为什么新生代农民工存在这种工作态度？在深度访谈中了解到，农民工的身份本身就是一种不利条件，导致他们在就业或者其他竞争中处于不利地位。绝大多数农民工进城后没有什么路子，即没有什么社会资本，在社会化的过程中容易迷失方向，养成了不良的习惯（比如一些恶习）。此外，从小的生活经历，造成他们不愿意好好地工作，浑浑噩噩，从而走上犯罪的道路。

（2）从访谈中了解到，新生代农民工的社会交往圈较窄，一般只与老乡、亲戚交往，与本地人的交往不多，所以在问及是否存在身份歧视以及社区支持等问题时，被访对象没有很深的感受，认为并没有感受到身份的歧视。由于农民工生活圈和交往圈的限制，形成了一种社会的机制性分隔。这种机制性分隔是如何出现的？是否是因为制度性歧视所造成的？还是因为新生代农民工的生活经历造成的？这些问题，需要在问卷的设计中加以体现。

3. 请几位具有丰富社区警务工作经验的派出所所长试测。研究者将问卷发给浙江省内的两名具有丰富社区工作、流动人口管理工作经验的派出所所长，请他们先做问卷的试测，希望他们对该问题提出修改意见。课题组负责人对其中的两位所长分别作了 40 分钟的电话访谈，并作了录音。访谈内容归纳有以下几个问题：

（1）新生代农民工从个体意识上讲，比较自私自利。

（2）从盗窃行为以及其他故意伤害行为的侵害与被害情况看，基本上均限于新生代农民工这一群体。新生代农民工生活在一个独立的世界里，这种过程造成他们自私自利。这种社会化的过程，造成他们的违法犯罪的比率比较高。

（3）现代社会网络技术的发达，造成新生代农民工与本地人在资讯、信息上是同步的，虽然加速了新生代农民工在城市的融入，但这些新生代农民工的沟通能力却越来越差。

（4）从代际差异讲，60 后、70 后的农民工实施犯罪的预谋较为周全，而新生代农民犯罪往往是临时起意，想法比较简单。这个观点，在后续对新生代农民工罪犯的访谈中也得到了证实。

（5）课题组赴义乌市公安局某派出所调查时，该所的所长提到：目前在义乌的新生代农民工，有些是在义乌出生的。这些孩子出生后，即被父母送回老家交给爷爷奶奶抚养，等到了上学年龄的时候，再回到义乌上学。这些孩子中学毕业之后，没有找到稳定的工作，就会在网吧里跟一些当地的不良青年混。所以，有些新生代农民工的义乌话已经说得非常好，反而本地人的孩子现在都说普通话。

4. 根据座谈会及访谈对问卷修改及调查建议，课题组对问卷调查表进行了最后的修订，并征求有关专家学者的意见和建议。相关专家的意见如下：一是问卷不能太长；二是被调查者不要限制在农民工；三是问卷要有测试和修改，测试人数不需太多，问卷中的概念或变量要清楚；四是调查人员要有严格的培训；五是调查者是否有官方或其他人的影响要特别注意；六是监狱的背景资料要全面和具体；七是问卷的形成，修改，调查员的背景及培训，进入监狱及被调查者的过程，拒访率，问卷的填写方式及回答的真实性核实等都应有详细的记录。

三、调查实施

课题组根据事先拟定的研究计划，对分层抽取的 4 家监狱进行了问卷调查。

本次调查的现场组织，由监狱管理人员和课题组成员共同完成。监狱管理人员负责现场的秩序，组织犯人集中，以及现场的安全。课题组成员负责现场解释如何开展问卷调查，以及对问卷的分发，收集以及编号工作。具体的问卷调查工作，全部由课题组成员负责。

为确保本次问卷的完成质量，课题组负责人在犯人正式答题前，作了三点说明：首先自我介绍课题组成员，均为浙江省青少年犯罪研究会的研究员；其次，说明本次调查采取无记名方式进行，完全是匿名的，请大家放心作答。本次调查数据，完全用于学术研究，课题组不会将数据给监狱管理部门或其他官方组织。课题组不会对每个个体进行分析，而是对样本做整体分析；再次，说明本次调查的目的，是帮助政府部门制定有关帮扶和福利政策，帮助大家今后回归社会之后，实现社会融入和顺利就业。要求每位被调查者要认真地填写，根据自己的真实情况，认真作答。以下为每个监狱的问卷调查实施情况：

（一）浙江省 Q 监狱

1. 抽样及问卷。7 月 28 日下午，课题组来到 Q 监狱。Q 监狱一共分为 10 个分监狱。除入监分监狱和出监分监狱外，有 8 个分监狱，犯人平均分配。我们随机抽取了第 9 分监狱进行问卷。在该分监狱，课题组又随机抽取了 5 个监区，每个监区的人数为 100—200 人不等，我们简单随机抽取了 100 个犯人。考虑到被调查者可能存在的文盲问题，在抽样的 500 个样本中，共抽取了 4 位文盲。九分监狱的文盲比例不高，共约 20 位文盲。

2. 现场组织。当天时值周一，犯人正值休息，问卷在各自的监区进行。每个监区，即犯人的生活区，每个楼层均有一个大厅，平时供犯人看电视和学习之用，问卷就在监区的大厅进行。被抽样的犯人由监狱管理人员先集中起来。在调查之前，由课题负责人向被调查人员作简单的介绍，一是强调本调查是无记名的，二是说明本次调查是为政府制定相关的帮抚政策，希望大家不要有顾虑，认真填写。对抽样中 4 名文盲样本，分别由工作人员负责现场进行询问后，由工作人员帮助其正确填写。本次调查，组织得很有秩序，大部分人员均在 30—40 分钟完成问卷。

（二）浙江省 T 监狱

1. 抽样及问卷。29 日下午，课题组来到 T 监狱调查。本次抽取的监区为第 6 监区。该监狱的分类与乔司监狱不同。在第 6 监区，我们抽取了 4 个中队，每个中队人数 100—200 人不等。该 4 个中队，我们分别抽取 120、120、130、130 等样本，共计 500 份。所有抽取的样本中没有文盲。另外，根据监狱管理人员介绍，该监区羁押的犯人中没有文盲。

2. 现场组织。调查当天，正值犯人在监狱的服装车间劳动，所以问卷在厂区进行。管理人员利用劳动休息的间隔，先让被抽取的犯人从流水线下来，在车间空地集中，由课题负责人介绍问卷的基本要求，并由课题组的工作人员现场发问卷。虽然时值盛夏，但厂区有空调等降温措施，现场秩序较好，犯人利用问卷时间，正好作休息调整，整个问卷填写过程，非常认真。绝大多数犯人在约 30—40 分钟内完成问卷。

（三）浙江省 F 女子监狱

1. 抽样及问卷。与其他省内监狱的管理一样，女监下属几个监区，犯人被平均分配。除了入监监区和出监监区外，各个监区的样本分布是一致的。我们随机抽取了其中的 3 个监区。其中，11 监区总犯人为 182 人（其中文盲 10 人），抽样 152 人（含文盲 4 人）；8 监区总犯人数为 297 人（文盲 25 人），抽样 230 人（其中文盲 5 人）；10 监区，总犯人数为 126 人（无文盲），抽样 62 人。合计共抽取样本 444 人（其中文盲 9 人）。相比男性犯人，女犯的文盲率高一些。课题组工作人员，一对一地抽取了部分文盲，进行了问卷调查。

2. 现场组织。周一至周五，是女监犯人的劳动时间。由于连日高温，调查当天上午正好与周日上午调休，犯人全部在监舍休息，为顺利开展问卷调查提供了十分便利的条件。从问卷现场完成的情况看，由于问卷在监舍进行，正值犯人休息，总体完成的情况较好，绝大多数被调查者在 40分钟左右的时间完成了问卷。

（四）杭州市 S 监狱

1. 问卷。S 监狱犯人规模较小，属于 3 年以下的短刑犯人，且不少犯人的刑期为 1 年左右，根据刑事诉讼程序，多数犯人前期已在看守所羁押时间约为 6 个月，实际在 S 监狱执行的时间则更短，对于监狱而言，给日常管理带来了一些难度。考虑到样本的合理分布，除了抽取了三个监区在生产区进行问卷以外，还抽取了一个入监监区进行问卷。

2. 现场组织。与女监不同，S 监狱当天正值劳动生产期间，组织大规模的问卷调查，难度比较大一些，需要将生产暂时停下来。课题组到了现场以后，观察生产区的情况，在厂房的外面，是犯人平时的食堂，整齐地摆放着长条餐桌。S 监狱相关负责人与课题组商量以后，组织犯人从流水线下来，集中在厂区外面的餐桌上进行问卷调查。根据 S 监狱的相关负责人介绍，近几年以来，类似大规模的大样本的问题调查，还是第一次。监狱相关负责人在组织方面比较重视，也比较配合。该监区的抽样问卷，分别在犯人的监舍以及训练场地进行。

第三节　定量数据分析

一、分析方法

数据分析，拟使用 SSPS（18 版本）进行统计分析。分析过程将分三个层次开展：一是分析不同身份以及农民工代际之间的违法犯罪自我报告、暴力犯罪、暴力犯罪程度及累犯等因变量的差异，同时也兼顾分析自变量的差异，如家庭状况，受教育程度，是否具有留守儿童经历等；二是分析导致不同身份以及代际之间因变量差异的因素，试图发现影响对整体或某类身份的因变量影响较大的变量；三是按照整体以及不同身份的类别，分别以违法犯罪自我报告以及暴力犯罪程度等线性因变量作回归分析。回归分析自变量选取以相关性为标准，考虑是否纳入回归分析范围。对没有显著相关性因变量不纳入分析。最后，对主要的具有显著相关性的自变量，形成回归模型。

二、数据录入及分析

（一）数据录入

课题组组织相关的工作人员完成数据的录入工作。为确保数据录入的正确性，在数据录入之前，制定详细的数据录入方案。主要包括以下几个操作步骤：

1. 问卷内容的讲解；

2. 使用 SSPS（18 版本）软件完成数据录入；

3. 输入完成后，问卷按从小到大顺序排好，确定编号顺序和数量无误，输入文件的命名规则和输入的数量无误后，签字收回；

4. 等所有人的录入完成后，开始第二篇输入，步骤同上；

5. 将第一次输入和第二次输入的数据进行比对，将"不一致"记录，对照原始量表再次录入；

6. 对录入的数据，随机抽取若干条记录，对照原始量表，经过抽查，正确率为 100%。

（二）数据处理

参考国外相关文献对有效样本的常规处理标准和要求（Dipietro and Mcgloin 2012），本研究中对样本数据的标准是只保留数据填写率在 80% 以上的数据。统计结果发现，数据填写率低于 80% 的样本共 156 个。剔除这些样本，剩余有效样本为 1777 个，调查有效率 91.93%。

（三）主要变量的操作定义

根据操作定义，将本次监狱调查的身份群体主要分为以下八类：即城市人、城镇人、城市中的城镇人、本地农民工、外出农民工一代、外出农

民工一代半、外出农民工二代以及农民等。统计结果发现，完全符合外出
农民工二代定义的样本非常少。因此，将外出农民工二代的人数不纳入单
独的身份分析①。在本研究当中，将外出农民工一代半定义为新生代农民
工：即户口为农业户口，出生在农村，在城里读小学，后来进城务工，其
父亲或母亲有在城市打工经历的人员。

1. 各群体身份的操作定义

（1）城市人：城镇户口，在城市出生，在城市读小学，在城市工作；

（2）城镇人：城镇户口，在城镇出生，在城镇读小学，在城镇工作；

（3）城市中的城镇人：城镇户口，在城镇出生，在城镇读小学，后到
城市工作；

（4）本地农民工：农村户口，农村出生，在农村读小学，在当地乡镇
务工；

（5）外出农民工一代：农村户口，出生在农村，在农村读小学，后进
城务工；

（6）外出农民工一代半：农村户口，出生在农村，在城市（或农村）
读小学，后进城务工，父亲或母亲在城市打工；

（7）外出农民工二代：农村户口，出生在城市，在城市读小学，在城
里打工，父亲或母亲在城市里打工；

（8）农民：农村户口，出生在农村，在农村读小学，在农村务农。

本分类中的外出农民工一代半，即本研究中的新生代农民工。本研究
的调查问卷设计，数据分析的操作定义，均将以此概念为标准展开。

2. 因变量

（1）因变量1：违法犯罪自我报告（入狱前12个月）。将自我报告的

---

①　曾经考虑将外出农民工二代的数据，纳入外出农民工一代半中进行分析。但为了
保证对农民工代际定义的准确性，不考虑将农民工二代的数据纳入其中进行分析。

行为进行分类，分为暴力、家庭暴力、侵财、其他越轨等四个类别。将各种行为按"是／否"二项变量统计：即回答"是"计2，回答"否"计1。在计算方法上，将不同类别中的行为按"是／否"累计数减去每类行为的数量（问题数），得出各类别行为的自我报告数值。然后，再将不同类别行为的自我报告数值相加，形成一个"违法犯罪自我报告"的连续性因变量。

（2）因变量2：暴力犯罪（入狱的罪名自我报告）。将被调查者自我报告的罪名，根据刑法关于暴力犯罪的定义，简单将自我报告的罪名分为暴力和非暴力两类。

（3）因变量3：暴力犯罪程度（刑期自我报告）。以被调查者自我报告的暴力犯罪的刑期长短为标准，来度量暴力犯罪程度。

（4）因变量4：将累犯作为一个应变量。根据被调查者自我报告的入狱次数，度量累犯率。只要是第2次入狱，即定义为累犯。

（四）具体分析步骤

1. 对于不同群体之间、农民工代际之间违法犯罪自我报告的差异性。通过均值比较以及F检验确定。比如，新生代农民工群体在报告抢劫4—10次时，通过上述检验是否比其他的群体更多，同时统计R值是多少。同时，考虑年龄与犯罪之间的关系，剔除年龄对违法犯罪的影响（ANCOVA with the age as covariate）。关于年龄的计算，理论上应定义为犯罪时的年龄，但在操作层面无法精确地掌握具体犯罪年龄。为相对精确和具有操作性，将年龄定义为入狱时的年龄，即年龄＝现在的年龄–已经服刑的时间。违法犯罪自我报告的行为，均指发生在被调查人入狱前的12个月内发生的行为。

2. 不同身份群体自变量的差异性分析。通过参数检验F检验，非参数Z检验及卡方检验，进行均值和R值比较，以分析不同身份群体自变量的差异性。

3. 建立回归分析模型。对具有相关性的自变量，与违法犯罪自我报告以及暴力犯罪程度进行回归分析。

第四节 定性研究

一、访谈

为更好地发现新生代农民工犯罪的原因，包括个人因素、家庭因素、同伴因素、社会因素，解释不同身份犯人的犯罪原因的共性和差异，拟选取一定数量的犯人进行深度访谈。与此同时，为更好地开展研究，拟访谈一定数量的公安派出所民警、监狱狱警，从管理者的角度了解他们对新生代农民工犯罪、矫治以及社会融入等体制性、机制性方面原因的认识。

在具体实施过程中，我们选取了所在监狱的 14 名正在服刑的新生代农民工开展问卷调查。访谈对象的选择，尽可能地考虑到年龄、罪名、刑期以及户籍地的合理分布。为提高效率，访谈与问卷调查交替进行。得到被访谈人同意后，对访谈过程进行了全程录音。其中，Q 监狱，共访谈 2 名犯人；四监，共访谈 2 名犯人；在 S 监狱，选取了 4 名犯人进行访谈；在女监，选取了 2 名外籍犯人进行了深度访谈：一名是四川籍，贩毒，刑期为 4 年；另一位是山东籍，抢劫犯，刑期为 11.5 年。两名犯人均在浙江打工，且到浙时的年龄比较小。此外，还对 2 名公安派出所领导进行了访谈。访谈名单详见附表 3-4-1。

二、座谈会

课题组先后组织召开监狱狱警和管教人员座谈会、新生代农民工罪犯座谈会以及公安派出所所长座谈会，完成调查问卷进行试测，为问卷最后的修订完善提供了重要的依据。

表 3-4-1　访谈情况汇总表

个案序号	访谈编号	性别	年龄	教育程度	婚姻	户籍地	居住地	罪名	刑期（年）	入狱次数（次）	备注
1	Q140728_001	男	35	初中	离婚一子	浙江义乌	浙江义乌	合同诈骗	13	2	
2	Q140728_002	男	27	初中	未婚	贵州遵义	浙江温州	抢劫	8	1	
3	S140729_001	男	25	初一	未婚	河南	浙江长兴	抢劫杀人	无期	1	
4	S140729_002	男	33	初中	已婚	江苏	深圳	抢劫	15	1	
5	N140730_002	男	22	小学	未婚	江苏	杭州	聚众斗殴	1年10个月	2	
6	N140730_003	男	26	小学	未婚	广西	杭州	抢夺	2年6个月	3	
7	N140730_004	男	24	小学	未婚	江西上饶	杭州	故意伤害	1年6个月	2	
8	N140730_005	男	24	初中	未婚	河南	杭州余杭	故意伤害	2年6个月	1	
9	F140730_001	女	20	小学	未婚	四川内江	浙江桐乡	贩毒	4	1	
10	F140730_002	女	27	初中	未婚	山东	温州永嘉	抢劫	11	1	
11	Q140715_001	男	29	初中	未婚	湖南	温州	抢劫	5	1	
12	Q140715_002	男	30	初中	未婚	衢州	衢州	抢劫	10	2	本地农民工
13	Q140715_003	男	19	初中	未婚	河南	浙江金华	盗窃	2	1	
14	Q140715_004	男	28	初中	未婚	云南楚雄	浙江	贩毒	7	1	
15	G1	男		公安派出所副所长							
16	G2	男		公安派出所所长							

第四章 各身份群体的差异分析

第一节 新生代农民工的定义

一、新生代农民工的定义

（一）国内对新生代农民工的定义

如第二章，国务院文件以及学界有关新生代农民工的定义以及农民工的代际差异，一般以出生的年代为主要划分标准，凡是 1980 年代以后出生的农民工，一般认为是新生代农民工。根据国家统计局发布历年全国农民工监测调查报告，对农民工的分类以及概念如下：

1. 农民工：指户籍仍在农村，在本地从事非农产业或外出从业 6 个月及以上的劳动者；

2. 本地农民工：指在户籍所在乡镇地域以内从业的农民工；

3. 外出农民工：指在户籍所在乡镇地域外从业的农民工；

4. 新生代农民工：指 1980 年及以后出生的农民工；

5. 老一代农民工：指 1980 年以前出生的农民工。

6. 举家外出：指农村劳动力及家人离开原居住地，到户籍所在乡镇以外的区域居住。

在学界，不同学者对于农民工代际内涵的界定差别较大，具有代表性的有王春光和刘传江。王春光在 2001 年首次提出了"新生代流动人口"的概念，2003 年将其修正为两层含义："一层含义是他们年龄在 25 岁以下，于上世纪 90 年代外出务工或经商的农村流动人口，他们与第一代农村流动人口在社会阅历上有着明显的差别；另一层含义是他们不是第二代农村流动人口，因为他们毕竟不是第一代农村流动人口在外出过程中出生和长大起来的，而是介于第一代和第二代之间过渡性的农村流动人口（王春光，2010）。王春光认为：改革开放已经有 20 多年时间，按照习惯，10年之差等于是两代人。本文以此将 80 年代初次外出的农村流动人口算作第一代，而 90 年代初次外出的算作新生代。当然，年代仅仅是一个维度，我们还可以从年龄来划分（王春光，2001）。此外，王春光认为代际的存在还可从受教育程度、务农经历以及外出动因等差异得到证实。刘传江认为，第二代农民工，是相对于改革开放后于 20 世纪 80 年代中期到 90 年代中期从农业和农村中流出并进入非农产业就业的第一代农民工而言的，具体指的是 1980 年以后出生、20 世纪 90 年代后期开始进入城市打工的农民工（刘传江、程建林，2008）。著名人口学家段成荣则认为：农民工的代际可依据"出生年代"划分为新生代、中生代和老一代。这种划分代际的"出生年代"标准是动态的，但不同代际农民工的年龄段依然可以保持这种间隔不变（段成荣、马学阳，2011）。在一项对广东省某监狱的实证调查中发现，由于受到经济条件、居住环境等因素制约，新生代农民工大部分出生在农村，在农村度过童年期（尹华飞、杨龙胜等，2008）。

（二）国外对移民代际的定义

在德国的移民研究中，按照移民在德国居住的时间以及父母血统和国籍作将移民代际的分类标准，并将外来移民分为以下四类群体：一是本人在德国出生；二是在德国生活了 10 年；三是在德国生活少于 10 年；四是父母一方为德国人（Baier and Pfeiffer，2008）。在另一篇重要的文献中，对德国移民的代际作了定义。第一代移民，即在国外出生，平均在德国生活时间为 9.2 年；第二代移民，即在德国出生，原籍为土耳其、前南斯拉夫和阿富汗人（Silbereisen，2008）。

美国的移民研究认为，第一代移民（First generation），在他们的祖国接受早期的教育，而第二移民（Second generation）由于与他们在国外出生的父母生活在一起，由此深受其父母出生地文化以及行为模式的影响，而第三代或以上的移民，已经不归属于非移民的范围（Peterson，2012）。另有文献认为，第一代移民是指在美国之外的国家出生的个体；第二代移民是指在美国出生但至少父母中的一方出生在美国之外的国家；而第三代或最新生代移民是指在美国出生，他们的父母均在美国出生（Dipietro and Mcgloin，2012）。此外，在对移民的代际划分上，学者还提出一代半的代际概念，即介于第一代移民与第二移民之间的群体。事实上，这些第二代或者一代半移民在"混合状态"的家庭中成长的情况是很常见的，其中包括非法移民，持有合法的临时签证的移民，美国的合法永久居民，归化入籍公民，以及在本国出生的公民（Portes，2012）。

（三）本研究对新生代农民工的定义

综上的比较与借鉴，本研究认为，仅仅以出生的年代为农民工身份代际划分标准，过于简单，无法精确地体现农民工生活经历、打工经历、家庭状况等代际的差异性。因此，在本研究中，借鉴国外移民的代际分类方法，将对农民工以及农民工的代际尝试采取更复杂的分类标准，以揭示新生代农民工与其他身份群体之间的身份差异，以及对违法犯罪的相关性。

二、新生代农民工及其他身份群体的操作定义

根据本研究的操作定义，在量表的设计中将监狱调查的身份群体主要分为以下八类：即城市人、城镇人、城市中的城镇人、本地农民工、外出农民工一代、新生代农民工、外出农民工二代以及农民等。根据以上操作定义，经过对样本描述性统计分析，完全符合外出农民工二代的人数非常少①。因此，将外出农民工二代的人数不纳入单独的身份分析。从现有数据看，若要揭示外出农民工群体的代际差异，重点来分析外出农民工一代与新生代农民工的差异。因此，在本研究当中，新生代农民工定义：即户口为农业户口，出生在农村，在城里读小学，后来进城务工，其父亲或母亲有在城市打工经历的人员。本研究中所有 8 种身份群体的操作定义，详见表 4-1-1。

表 4-1-1　各身份群体的操作定义及分布

代码	身份群体	条件 1	条件 2	有效值（%）
1	城市人	城镇户口	在城市出生，在城市读小学，在城市工作	133 (9.67)
2	城镇人	城镇户口	在城镇出生，在城镇读小学，在城镇工作	50 (3.63)
3	城市中的城镇人	城镇户口	在城镇出生，在城镇读小学，在城市工作	49 (3.56)
4	本地农民工	农村户口	在农村读小学，在当地乡镇务工	83 (6.03)

----

① 统计发现，外出农民工二代的身份群体样本量较少，可能的原因是当前完全符合条件的身份群体确实少，或者我国现阶段，根据操作定义的外出农民二代群体还未形成规模化，或者已经形成的，还未进入实质的犯罪群体。因此，本研究将外出农民工一代半视为新生代农民工群体进行分析，并以此为参照，比较与其他身份群体之间的差异性。

代码	身份群体	条件1	条件2	有效值（%）
5	外出农民工一代	农村户口	出生在农村，在农村读小学，进城务工	480（34.88）
6	新生代农民工	农村户口	出生在农村，在城里读小学，进城务工；父亲或母亲在城市打工	324（23.55）
7	外出农民工二代	农村户口	出生在城市，在城市读小学，在城里打工；父亲或母亲在城市打工	8（.58）
8	农民	农村户口	出生在农村，在农村读小学，在农村务农	249（18.10）

注：总样本 = 1785，缺省 = 409

从描述性统计发现，根据本研究的操作定义，在有效的被调查样本中，城市人占 9.7%，城镇人占 3.7%，在城市的城镇人占 3.6%，本地农民工占 6.1%，外出农民工一代占 35.1%，新生代农民工占 23.7%，农民占 18.2%。在所有身份群体中，外出农民工一代占比最高，其次是新生代农民工。外出农民工合计占 58.8%。因此，在被调查的监狱中，抽样调查显示，与其他身份群体相比，外出农民工群体占比最高，约占一半以上。

三、调查样本的原籍地分布

如前所述，本次问卷调查的对象是浙江省监狱正在服刑的犯人，采取了分层抽样的方式。调查监狱为 4 家，分别是浙江省 Q 监狱、浙江省 T 监狱、杭州市 S 监狱以及浙江省 F 女子监狱。选取上述 4 家监狱，是考虑到犯人的分布以及代表性。以上这 4 家监狱涵盖不同的刑期，有 15 年以上有期徒刑的重罪犯，15 年以下中刑犯，3 年以下的轻刑犯以及女性罪犯。根据监狱管理干部介绍，目前在浙江上述监狱服刑的犯人，主要是在浙江省犯罪后被判刑入狱的犯人，但是监狱系统有定期犯人异地羁押的规定，所以部分犯人是从其他省份调遣至浙江部分监狱。这种经常性的异地羁押规定，增加了本次调查样本的广泛性和代表性。从描述性统计分析，样本中犯人的原户籍地的分类排名前五位分别为：浙江、贵州、安徽、四川、湖南，反映了在浙江流动人口的总体分布情况。从农民工身份群体的分布看，按籍贯的分类排名与总体样本的分布是一致的。详见表4-1-2。

表4-1-2　全部样本的籍贯分布

原籍地		所有样本		新生代农民工	
		Valid n1	Valid（%）	Valid n2	Valid（%）
1	安徽	111	**7.02**	76	**10.51**
2	福建	23	1.45	12	1.66
3	甘肃	9	.57	7	.97
4	广东	13	.82	7	.97
5	广西	30	1.90	12	1.66
6	贵州	181	**11.45**	120	**16.60**
7	海南	2	.13	1	.14
8	河北	6	.38	4	.55
9	河南	59	3.73	38	5.26
10	黑龙江	7	.44	2	.28
11	湖北	46	2.91	26	3.60
12	湖南	72	**4.55**	47	**6.50**
13	吉林	5	.32	0	.00
14	江苏	33	2.09	14	1.94
15	江西	56	3.54	32	4.43

原籍地		所有样本		新生代农民工	
		Valid n1	Valid（%）	Valid n2	Valid（%）
16	辽宁	8	.51	2	.28
17	宁夏	1	.06	0	.00
18	山东	15	.95	11	1.52
19	山西	1	.06	0	.00
20	陕西	11	.70	7	.97
21	上海	5	.32	0	.00
22	四川	94	**5.95**	50	**6.92**
23	新疆	1	.06	1	.14
24	云南	65	4.11	36	4.98
25	浙江	683	**43.20**	191	**26.42**
26	重庆	42	2.66	27	3.73
27	台湾	1	.06	0	.00
28	香港	1	.06	0	.00
总计		1581	100	723	100

注：N=1777，最多的前 5 名用粗体标注

第二节　各身份群体的差异性分析

一、违法犯罪自我报告的内部一致性检验

根据问卷调查表，要求犯人自我报告其入狱前 12 月内违法犯罪（或

越轨）行为①。该违法犯罪（或越轨）行为共分为 16 种不同自我报告的行
为。为了检验该 16 种行为的内部一致性，对其内部一致性信度进行分析。
具体方法是分别对 16 个项目按照回答是或否以及自我报告的次数进行内
部一致性信度分析。结果表明，按照是否回答的，其内部一致性系数分别
为 α =.687；按照次数的内部一致性检验， α =.729，总体内部一致性维持
在 .7 左右，说明量表中违法犯罪自我报告达到了内部一致性信度的要求。
详见表 4-2-1。

表 4-2-1 违法犯罪自我报告内部一致性检验

样本（N）	违法犯罪自我报告	Cronbach's α
1710	16	.687
1633	16	.729

注：N=1710（按照回答是 / 否进行内部一致性信度分析），N=1633（按照报告的次数
进行内部一致性信度分析）

二、各身份群体违法犯罪自我报告的差异分析

为进一步细分，将 16 种违法犯罪自我报告分为 4 类：即一般暴力、
家庭暴力、侵财犯罪、越轨。将上述 4 类 16 种行为累计，总称为"违法
犯罪"变量。这 16 种行为的度量，是按照被调查者自我报告行为的"是
/ 否"计算，该度量反映了报告者违法犯罪行为的种类以及违法或越轨的
程度。

---

① 为规范起见，在书中对自我报告的违法犯罪（越轨）行为，统一为"违法犯罪自
我报告"。

（一）计算四类违法犯罪行为数和总违法犯罪行为数

按照"是 / 否"分别计算 4 种不同类别的行为以及总的违法犯罪行为的数量，以度量被调查者是否报告了该种类以及总的违法犯罪行为。详见表 4-2-2。

表 4-2-2　所有样本的违法犯罪自我报告描述性统计

自变量	模型（是 / 否）		
	Min.	Max.	Mean(Std.)
一般暴力	0	5	.38（.826）
家庭暴力	0	1	.12（.329）
侵财犯罪	0	4	.25（.641）
越轨	0	5	1.03（1.120）
违法犯罪	0	12	1.79（1.985）

注：N=1777, 总样本 =1748, 缺省 =29。模型中的二项变量经过相加计算以后，转换为连续变量，其最大值可以大于 1。

（二）各身份群体之间违法犯罪自我报告的差异分析

1. 通过单因素方差分析发现，各身份群体的平均违法犯罪自我报告率差异并不显著（p=.084）；但通过 TUKEY HSD 方法对城市人群体与新生代农民工群体的差异性事后检验发现（t_{1-6}=.597，p=.051），差异性接近 .05 显著水平。这一差异性说明新生代农民工相比城市人身份群体，违法犯罪自我报告率要更高（m=2.06）。外出农民工一代的违法犯罪自我报告高于或等于其他身份群体。从外出农民工代际身份差异性比较分析，通过独立样本 t 检验，结果发现外出农民工一代与新生代农民工之间的差异显著

(p=.023)，均值比较发现（m_5=2.06, m_6=1.73），说明新生代农民工要比外出农民工一代的违法犯罪自我报告要高。详见表4-2-3和表4-2-4。

表4-2-3　7类身份的违法犯罪自我报告方差检验

身份群体	N	Min.	Max.	Mean（SD）
城市人	130	0	7	1.46（1.526）
城镇人	48	0	8	1.73（2.018）
城市中的城镇人	48	0	11	1.60（1.943）
本地农民工	77	0	8	1.65（1.890）
农民工一代	467	0	12	1.73（1.958）
新生代农民工	312	0	9	**2.06（1.981）**
农民	238	0	11	1.72（2.046）

注：F=1.864，p=.084，*p<.05，**p<.01，***p<.001（two-tailed）

表4-2-4　农民工违法犯罪自我报告代际差异的方差检验

身份群体	N	Min.	Max.	Mean（SD）
农民工一代*	467	0	12	1.73（1.958）
新生代农民工*	312	0	9	**2.06（1.981）**

注：F=1.285，p=.023，+p<.10，*p<.05，**p<.01，***p<.001（two-tailed）

2. 通过对被调查者违法犯罪自我报告的种类与次数之间的相关性分析，Pearson相关值很高（r=.913，p<.0001），说明被调查者违法犯罪自我报告的行为种类越多，则违法犯罪即次数也越多，即其违法犯罪的严重程度越高。结合16种违法犯罪自我报告的内部一致性信度检验，说明犯人在违法犯罪以及越轨行为之间存在着关联性，能够比较客观地反映出被调查者的违法犯罪或越轨的性质和程度。

（三）将年龄作为协变量后各身份群体违法犯罪自我报告的差异性

犯罪生涯理论认为，年龄与犯罪行为显著相关。我们将年龄作为控制变量，即以协变量的方式，剔除年龄因素对结果变量的影响，分析其他因素对违法犯罪行为的影响。具体分析中，将所有违法犯罪自我报告频数相加作为结果变量，分析其与年龄之间的关系。相关性分析数据表明（$r=-.24$, $p<.001$），年龄与违法犯罪自我报告呈显著的负相关性（注：犯罪年龄可分为两段进行分析，第一段是年龄与犯罪是正相关，第二段是年龄与犯罪负相关。）

考虑年龄因素作为协变量，排除年龄因素的影响，对各组间进行方差比较，发现各身份类别的平均违法犯罪自我报告率的差异并不显著（$p=.77$）。通过以上两个分析结果说明，因为年龄因素引起的犯罪率变化要比单纯的身份类别因素要明显得多。

（四）年龄成为身份群体差异的主要因素

1. 以犯人入狱时的年龄为犯罪年龄[①]，即犯罪年龄＝目前年龄—服刑期限。

2. 我们采取单因素方差分析，即 F 检验，根据本研究的操作定义，分析各身份群体之间的年龄有无差异性。统计分析表明，不同身份群体的平均年龄差异显著（$p<.001$）。详见表 4–2–5 和表 4–2–6。

3. 根据 1980 年代出生为新生代农民工的操作定义，我们将新生代定义为 15—34 岁，标注为 1；将第一代定义为 35—68 岁，标注为 2。分析表明，年龄并不能直接区分农民工的代际，但新生代农民工年龄组成明显

---

① 将入狱时的年龄，认定为犯罪年龄，存在着一定的偏差。因为，还存在着案件侦查以及诉讼程序的时间，以及犯罪行为与审判之间的时间差。但是，没有更好的办法来计算犯人犯罪时更准确的年龄。

偏低，年龄成为一个具有统计学意义的影响因素。另外，表中也显示，外出农民工普遍年龄较轻。

表 4-2-5 7 类身份群体的犯罪年龄结构

身份群体	N	Min.	Max.	Mean	SD
城市人	124	16	68	38.09	9.713
城镇人	37	20	54	35.24	8.729
城市中的城镇人	46	19	54	33.13	8.916
本地农民工	67	16	53	32.52	9.186
农民工一代	413	16	51	29.32	6.967
新生代农民工	284	16	48	24.96	5.729
农民	205	16	57	31.13	8.790

注：F=50.205，p<.001

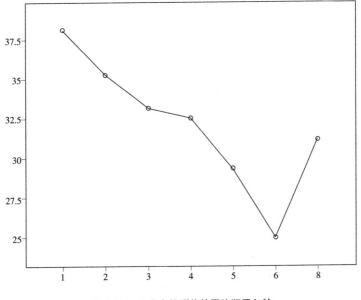

图 4-2-1 7 类身份群体的平均犯罪年龄

三、各身份群体暴力犯罪的差异性分析

一般而言，违法犯罪自我报告的信度受到各种因素的影响，而犯人入狱时的罪行是客观真实的，具有很高的信度。为更准确地发现被调查人的犯罪，特别是本研究所需要检验的外出农民工群体暴力犯罪状况，本研究中尝试将被调查人自我报告入狱时罪名作为结果变量，以检验不同身份群体的暴力犯罪是否存在差异性。同样，考虑到年龄变量的影响，在分析中将年龄作为协变量控制，以分析删除年龄因素之后，各身份群体之间在暴力犯罪上的差异性。

（一）暴力与非暴力分类

根据样本中自我报告入狱时的罪名，简单地分为两类：即暴力犯罪和非暴力犯罪。暴力与非暴力犯罪的分类则以我国刑法中关于暴力犯罪的定义进行。

（二）各身份群体之间暴力犯罪差异

由于暴力犯罪为非线性变量，我们采取非参数进行检验，将暴力犯罪为二项变量进行非参数方差分析发现：不同身份类别之间的暴力犯罪率具有显著差异（$\lambda = 62.194$，$p < .001$）。通过描述性统计发现农民工及农民群体的暴力犯罪率显著高于其他群体，其中新生代农民工，即新生代农民工群体的暴力犯罪率最高（44.9%）。详见表4-2-6。

表 4-2-6　对各身份群体暴力犯罪的非参数 λ 检验

因变量	城市人	城镇人	城市中的城镇人	本地农民工	农民工一代	新生代农民工	农民	p
暴力犯罪	9.5%	19.6%	25.5%	43.2%	39.7%	44.9%	41.2%	***

注：λ =62.194，*p<.05，**p<.01，***p<.001

此外，违法自我报告中的伤害性暴力、家庭暴力、侵财型违法、越轨行为以及一般违法行为，入狱罪名中的暴力犯罪和非暴力犯罪，以及同时具有暴力和非暴力犯罪，分别分析如下。详见表 4-2-7。

1. 伤害性暴力，$p < .05$，各身份群体之间具有显著性差异。

2. 家庭暴力，各身份群体之间无显著性差异性。

3. 侵财型犯罪，各身份群体之间无显著性差异性。

4. 越轨行为，$p < .01$，各身份群体之间具有差异性显著。

5. 违法行为，各身份群体之间无显著性差异性。

表 4-2-7　各身份群体违法犯罪自我报告中 5 类不同行为的方差检验

	F	p
一般暴力	2.242	*
家庭暴力	.7	n.s.
侵财犯罪	1.016	n.s.
越轨	2.922	**
违法	1.274	n.s.

注：n.s.= 无显著性，*p<.05，**p<.01，***p<.001（two-tailed）

（三）身份群体之间非暴力犯罪差异

以非暴力犯罪自我报告为因变量，考虑年龄因素作为协变量，进行组间单维方差分析，发现身份主效应显著（$F=5.013$，$p<.001$），即各身份群体在非暴力犯罪方面差异性显著。

（四）身份之间暴力犯罪程度的差异分析

将样本自我报告的暴力犯罪刑期，作为度量犯罪严重程度的指标，如果不考虑年龄因素进行单维方差分析，发现组间效应在 .05 的水平上呈现边缘显著（$F=2.033$，$p=.06$）；但如果将年龄作为协变量，考虑年龄因素作为协变量，进行组间单维方差分析，发现身份主效应不显著（$F=1.504$，$p=.173$）；结合整体的统计，我们会发现，除了个别数据，身份的差异主要体现在年龄上，身份更像是一个中介变量。此外，考虑年龄因素作为协变量，进行组间单维方差分析，发现身份主效应不显著（$F=1.634$，$p=.136$）。

（五）身份群体之间累犯率的差异分析

累犯率为非线性变量，我们采取非参数检验来分析不同身份群体之间累犯的差异性。将累犯率为二项变量，通过卡方检验可以发现，不同身份罪犯之间的累犯率差异呈现边缘显著（$\lambda=11.539$，$p=.073$）。各身份群体除与城市中的城镇人这一群体具有一定的差异性外，其他身份之间的累犯率差异不显著。

第三节 各身份群体自变量的差异性分析

一、主要线性自变量内部一致性检验

在分析主要影响因素的回归模型之前，先对主要影响因素作内部一致性检验。这些主要的影响因素大致可以分为以下几种自变量指标：父母监管、朋友亲密度、朋友犯罪情况、朋友受害情况、邻里关系、对警察的看法、受歧视状况、自我被害状况、价值观以及情绪等。对这些指标，需要先作内部一致检验。详见表4-3-1。

父母监管，反向计分，题目共为4项，α值为.452，内部一致性相对偏低；朋友亲密度，题目共为8项，α值为.721，内部一致性较高；朋友犯罪情况，题目共为4项，α值为.704，内部一致性较高；被朋友侵犯情况，题目共有4项，α值为.745，内部一致性较高；邻里关系，反向计分，题目共为9项，α值为.748，内部一致性较高；对警察看法，反向计分，题目共有4项，α值.601，内部一致性较高；自我被害，题目共4项，α值为.579，内部一致性相对较低；价值导向，题目共10项，α值为.828，具有较高的内部一致性；情绪，题目共有4项，α值为.763，内部一致性较高。详见表4-3-1。

表4-3-1 对自变量的度量指标的内部一致性检验

自变量	问题数量	Cronbach's α
父母监管	4	.452
朋友亲密度	8	.721
朋友犯罪	4	.704

续表

自变量	问题数量	Cronbach's α
被朋友侵害	4	.745
邻里关系	9	.748
对警察态度	4	.601
被害自我报告	4	.579
价值导向	10	.828
情绪	4	.763

二、主要线性自变量的差异性分析

对各身份群体的线性自变量进行方差分析，同时将年龄作为协变量，结果发现：各身份群体之间在受教育程度、父母经济状况，与父母相处、朋友亲密度、邻里关系、歧视、自我被害以及价值导向等线性变量具有显著性差异。详见表 4-3-2。

表 4-3-2　主要线性自变量的方差分析

自变量	F	p
教育程度	38.179	***
父母收入	25.590	***
与父母相处	2.427	*
父母监管	.433	n.s.
朋友亲密度	11.499	***
朋友犯罪	1.877	n.s.
被朋友侵害	.839	n.s.

续表

自变量	F	p
邻里关系	3.947	***
对警察态度	1.866	n.s.
歧视	4.555	***
被害自我报告	4.555	***
价值导向	2.204	*
情绪	.782	n.s.

注：n.s.= 无显著性，*p<.05，**p<.01，***p<.001（two-tailed）

（一）教育程度

教育程度上各身份群体的差异显著（F=38.17，p<.001）。均值比较发现，农民和农民工的受教育程度低，其中农民的受教育程度最低。农民工的代际比较发现，农民工一代半的受教育程度略高于农民工一代。

（二）父母家庭经济状况

在父母家庭经济状况方面，各身份群体之间的差异显著（F=25.590，p<.001）。农民工一代最低，农民工一代半高于农民，明显要高于农民工一代。

（三）与父母相处

各群体对比分析表明（F=2.427，p=.025），在家庭和谐度方面存在着明显的差异性。均值比较发现，城镇的家庭和谐度最差，其次是新生代农民工。但外出农民工代际之间的差异不显著。

（四）父母监管

各身份群体无显著性差异。

（五）朋友亲密度

各身份群体之间具有显著的差异性（$F=11.499$，$p<.001$）。均值比较发现，农民身份群体的朋友亲密度最低。

（六）朋友犯罪

各身份群体之间差异不显著。

（七）被朋友侵害

各身份群体之间的差异不显著。

（八）邻里关系

各身份群体之间具有显著的差异性（$F=3.947$，$p<.001$）。均值比较发现，外出农民工群体与邻里相处的关系较差。从代际比较而言，新生代农民工的邻里关系要好于外出农民工一代。

（九）对警察态度

各身份群体之间的差异不显著。

（十）制度性歧视

各身份群体之间具有显著的差异性（$F=4.555$，$p<.001$）。均值比较发现，农民和外出农民工感受的非制度性歧视最高。

（十一）自我被害

各群体身份之间的差异显著（F=4.555，p<.001）。均值分析显示，农民和农民工的被害率最高。

（十二）价值导向

具有显著差异性（F=2.204，p<.05）。均值比较发现，相比其他身份群体，农民和农民工一代半做事更为自私、冲动且不计后果。

（十三）情绪因素

各身份群体之间不具有显著差异性。

三、主要非线性自变量的差异性分析

我们采取卡方检验，对非线性因素进行非参数分析，结果详见表4-3-4。

（一）婚姻状况

不同身份间婚姻状况比率差异显著（λ=1.641E2^a，p<.001），外出农民工群体的未婚最高，代际差异分析，新生代农民工的未婚率（70.2%）远高于外出农民工一代（46.7%）。但婚姻状况与年龄有密不可分的关系，因此不能认为婚姻状况仅由身份引起。

（二）有无子女

不同身份间育儿比率差异显著（λ=1.040E2^a，p<.001）；由于新生代农民工的未婚率最高，所以相应该群体没有孩子的比率最高

（70.3%），并远高于农民工一代（46.3%）。该项变量同样与年龄有密切关系。

（三）宗教信仰

不同身份间宗教信仰比率差异显著（λ=42.440[a]，p<.001），外出农民工群体不信教的比率最高，从代际差异看，新生代农民工不信教的比率（79.8%）略高于农民工一代（78.9%）。

（四）居住地

各身份间差异显著（λ=1.080E2[a]，p<.001）。城市人和城镇人的居住环境普遍要好于农民工群体。代际差异分析，从居住在居民小区和临时工棚两项指标看，新生代农民工的居住条件要好于农民工一代。

（五）务工动机

身份间差异显著（λ=31.528[a]，p<.001），不同身份之间的务工动机差异显著。通过表中概率可以发现：以赚钱为动机的务工者比率，农民工一代（62.6%）明显高要高于新生代农民工（49.3%）；以创业为动机的务工者比率，新生代农民工（34.4%）明显要高于农民工一代（26.5%）。据此说明，新生代农民工进城打工的动机，开始由赚钱向创业转变，另外，也证明了本研究对农民工代际的差异性。详见表4-3-3。

表 4-3-3　主要非线性自变量的卡方（λ）检验

自变量	λ	p
婚姻	$1.641E2^a$	***
有无子女	$1.040E2^a$	***
宗教信仰	42.440^a	***
居住地	$1.080E2^a$	***
务工动机	31.528^a	***

注：Chi-square Test，n.s.= 无显著性，*p<.05，**p<.01，***p<.001

表4-3-4 各身份群体主要非线性自变量的描述性统计

自变量		城市人	城镇人	城市中的城镇人	本地农民工	农民工一代	新生代农民工	农民	总数
		Valid n (%)	Valid n (%)	Valid n (%)	Valid n (%)	Valid n (%)	Valid n (%)	Valid n (%)	Valid (%)
婚姻	未婚	29 (22.0)	13 (27.1)	21 (42.9)	34 (41.5)	222 (46.7)	**226 (70.2)**	103 (42.0)	638 (47.9)
家庭	无子女	35 (26.5)	12 (24.0)	22 (44.9)	38 (45.8)	219 (46.3)	**225 (70.3)**	103 (42.0)	654 (48.4)
宗教信仰	无宗教信仰	78 (60.0)	31 (64.6)	29 (63.0)	51 (64.6)	358 (78.9)	**245 (79.8)**	175 (76.8)	967 (74.8)
居住地	公寓	**120 (93.0)**	37 (80.4)	37 (82.2)	40 (54.1)	237 (54.4)	187 (62.1)	107 (53.8)	765 (62.2)
务工动机	赚钱*					274 (62.6)	145 (49.3)	**125 (72.7)**	544 (60.2)
	创业*					116 (26.5)	**101 (34.4)**	26 (15.1)	243 (26.9)

注:*表示只针对农民工群体的问题

110

（六）留守儿童

首先，要确定留守儿童的操作定义。有学者认为：界定调查对象是否有留守经历需根据两个特点：一是父母的流动经历，二是调查对象在儿童阶段是否在户籍地居住。农村儿童的父母至少有一方外出时被界定为农村留守儿童（吕利丹，2014）。参照上述定义，确定本研究中留守儿童的操作概念，需满足两个条件：第一，确定其外出农民工的身份，即包括外出农民工一代、一代半以及二代。第二，在量表中，问"从小谁把你抚养长大？"，共有五个选项，一是父母一起（或者养父母，继父母），二是母亲，三是父亲，四是爷爷奶奶，五是其他情况。除回答选项一的以外，其他选项均作为留守儿童。

根据是否有留守儿童的经历，农民工分为两类：在操作定义上，选择"从小由父母双方共同抚育"定义为非留守儿童，选择其他选项则均视为留守儿童。样本上，只选取农民工身份群体。在有效样本中，19.7%的外出农民工有留守儿童的经历。80.3%的外出农民工无留守儿童的生活经历。

采用独立样本 t 检验，分析发现，留守儿童与非留守儿童在违法犯罪自我报告方面呈现显著差异（$t_{deliquancy}=2.159$，$p<.05$），具有留守儿童经历的犯人要比没有留守儿童经历，报告更多的违法犯罪行为。但是，是否具有留守儿童经历，在暴力犯罪率方面，未出现显著性差异，但在暴力犯罪程度呈现显著差异（$t_{暴力犯罪程度}=-2.789$，$p<.001$），数据显示没有留守儿童经历的暴力犯罪刑期为 10.32 年（M=10.32），有留守儿童经历的暴力犯罪刑期为 7.34 年（M=7.34）。因而，没有留守儿童经历的，其暴力犯罪程度更高。详见表 4-3-5。

表 4-3-5　农民工群体留守儿童经历的差异性分析

变量	Valid n	Mean（SD）	F	p
违法				
有留守儿童经历	146	**2.15（2.144）**	1.947	*
无留守儿童经历	602	1.76（1.888）		
暴力犯罪				
有留守儿童经历	146	.445（.4987）	2.554	n.s.
无留守儿童经历	607	.402（.4907）		
严重暴力犯罪				
有留守儿童经历	61	7.34（6.840）	5.563	*
无留守儿童经历	228	**10.32（9.241）**		

注：n.s.= 无显著性，*p<.05，**p<.01，***p<.001（two-tailed）

第四节　本章小结

本研究认为，以年龄为农民工代际分类的唯一标准，未必是科学的。因而，本研究拟定新的标准以重新定义各群体身份和外出农民工的代际身份，即根据样本的户籍、出生地、从小受教育地点、进城打工经历、父母有无打工经历等条件，将被调查人分为 8 类群体。通过样本的身份分类，有利于在研究中比较不同身份群体之间的差异，以及外出农民工的代际差异性。考虑到符合操作定义的外出农民工二代的样本太小，本研究中将外出农民工一代半，也定义为新生代农民工。

一、外出农民工群体成为最主要的犯罪群体

从描述性统计发现，在本研究抽取的 1777 个有效样本中，外出农民

工一代占 35.1%，新生代农民工占 23.7%，本地农民工占 6.1%。总体来看，外出农民工群体占总体样本的 58.8%，外出农民工群体成为被调查监狱中占比最高的犯罪群体。代际比较看，外出农民工一代仍是主要的犯罪群体，其次是新生代农民工。可以基本推断，从被抽样调查的在押犯人中，外出农民工群体成为最主要的犯罪群体。

二、新生代农民工的违法犯罪率及暴力犯罪率要高于其他群体

如果不考虑年龄因素的影响，新生代农民工群体与其他群体在违法犯罪率上存在显著性差异。从代际差异看，新生代农民工要比外出农民工一代具有更高的违法犯罪率，且差异显著。如果考虑年龄因素，发现各身份群体的违法犯罪率差异性并不显著。说明年龄因素是影响违法犯罪率的主要因素，而年龄因素也是外出农民工代际差异的主要因素之一。通过对城市人群体与新生代农民工群体的差异性事后检验，发现呈显著差异性。农民和农民工群体的暴力犯罪率要高于其他群体，从代际差异看，新生代农民工的暴力犯罪率最高。从暴力犯罪的程度上讲，各群体之间的差异性并不显著，新生代农民工在暴力犯罪程度上并不比其他身份群体要高。

三、新生代农民工的累犯率与其他群体相比并无差异

新生代农民工与其他群体相比，在累犯率上并不存在明显的差异性。可见，导致多次犯罪的原因，与身份差异并不存在明显的相关性。

四、各群体主要自变量的差异性

从线性变量分析，在所有的群体中，农民和农民工的受教育程度普遍

偏低。从外出农民工的代际差异比较发现，新生代农民工受教育程度要高于农民工一代。新生代农民工父母的经济状况明显要高于农民工一代。在与父母相处方面，新生代农民工与父母相处程度较差，但与农民工一代不存在显著的代际差异性。在与朋友交往方面，农民群体在朋友交往方面最弱，城市人在朋友交往方面更广泛。从代际上看，新生代农民工要比农民工一代在朋友交往上更广泛和紧密。外出农民工群体与邻里相处的关系较差，从代际差异看，新生代农民工的邻里关系要好于外出农民工一代。在非制度性歧视方面，农民和外出农民工群体感知的歧视最为强烈。农民工一代所感受到的非制度性歧视比新生代农民工更强烈一些。从自我被害报告的情况而言，农民和农民工的自我被害报告都比较高。在价值观方面，农民和农民工一代在做事和处世方面，表现得更为自私、冲动且不计后果。此外，在父母管教、朋友犯罪、受朋友侵害、对警察的态度、情绪等因素方面，各身份群体之间没有显著的差异性。总之，在所有线性自变量中，受教育程度、父母经济状况，与父母相处、朋友亲密度、邻里关系、歧视、自我被害以及价值导向等自变量与违法犯罪或者暴力犯罪具有相关性，而这种相关性是具有普适性的。这为我们在后续研究中，建立整体身份群体的违法犯罪预测模型提供了有力的证据。

从非线性变量来分析，不同身份间婚姻状况比率差异显著，外出农民工群体的未婚最高。代际差异分析，新生代农民工的未婚率远高于外出农民工一代。不同身份间育儿比率差异显著。不同身份间宗教信仰比率差异显著，外出农民工群体不信教的比率最高。城市人和城镇人的居住环境普遍要好于农民工群体。不同代际之间的务工动机差异显著，新生代农民工进城打工的动机，开始由赚钱向创业转变。具有留守儿童经历的犯人要比没有留守儿童经历的人，报告更多的违法犯罪行为，但在暴力犯罪率方面，未出现显著性差异。在暴力犯罪程度上，没有留守儿童经历的，其暴力犯罪程度反而更高。

114

第五章　整体影响因素的相关性分析

在本章中，将着重分析理论假设的三个维度，即地位认同、道义认同和情感认同的自变量与违法犯罪自我报告、暴力犯罪、暴力犯罪程度以及累犯等因变量的相关性。本章对主要影响因素的相关性分析，是将所有身份群体作为一个整体来考虑，以发现一些对各群体的违法犯罪、暴力犯罪及重新犯罪最具影响力的变量。由于本研究的问卷设计，是针对所有的身份群体，但有些问题仅仅要求符合农民工身份定义的群体进行回答。因此，本章中有些维度的自变量，仅仅是对农民工身份群体的度量。

第一节　地位认同

一、教育程度

根据 Pearson 相关性分析发现，受教育程度与违法犯罪自我报告显著相关（$r= -.115$，$p<.001$），但与暴力犯罪程度相关性并不显著。根据 Spearman's rho 非参数相关性分析，教育程度还与暴力犯罪率呈显著负相关（$r= -.050$，$p<.05$），与累犯率呈显著负相关（$r= -.135$，$p<.01$）。由此

得出，受教育程度越高，各身份群体的违法犯罪、暴力犯罪和累犯率相对较低，但并不影响暴力犯罪的程度。

二、婚姻状况

根据 Spearman's rho 非参数相关性分析显示，婚姻状况与违法犯罪自我报告显著相关（r=−.204，p<.001），但与暴力犯罪程度无显著相关性。通过对暴力犯罪率的非参数卡方检验发现，婚姻状况不同，其暴力犯罪存在着显著性差异（p<.001）。根据描述性统计分析发现，未婚的暴力犯罪率相比其他婚姻状况更高。由此得出，婚姻生活所带来稳定家庭结构以及非正式的社会控制，能够有效地减少违法犯罪行为以及暴力犯罪行为，但不能减缓暴力犯罪程度。

三、家庭结构（有无子女）

根据 Spearman's rho 非参数相关性分析，家庭结构（有无子女）与违法犯罪自我报告呈显著相关性（r=−.185，p<.001），但与暴力犯罪程度无显著相关性。在暴力犯罪率差异性方面，卡方检验发现，是否育儿在暴力犯罪率上具有显著差异。未育子女者，其暴力犯罪率显著较高。由此得出，育有子女会增加家庭结构的稳定性以及个体的社会责任。在某种程度上，育有子女可以预防违法犯罪和暴力犯罪，但不会减缓暴力犯罪的程度。

四、经济状况

（一）父母家庭状况与违法犯罪的关系

根据 Pearson 相关性分析，父母经济状况与违法犯罪自我报告及暴力犯罪程度相关性均不显著。Spearman's rho 非参数相关性分析发现，父母经济状况与暴力犯罪率呈显著相关性（$r=-.082$，$p<.01$）。综合分析，父母经济状况对各群体的违法犯罪影响并不显著。

（二）个人经济状况与违法犯罪的关系

根据 Pearson 相关性分析，个人月收入与违法犯罪自我报告呈显著相关性（$r= -.071$，$p<.05$），与暴力犯罪程度相关性显著（$r=-.265$，$p<.001$）。另据 Spearman's rho 非参数相关性分析发现，个人月收入与暴力犯罪率也呈显著相关（$r=-.133$，$p<.001$）。上述结果表明，个人月收入与违法犯罪、暴力犯罪率和暴力犯罪程度均具有显著负相关性。相比父母经济状况，个人经济状况对各群体的违法犯罪以及暴力犯罪的影响更大。

五、宗教信仰

根据非参数卡方检验发现，宗教信仰与暴力犯罪率具有显著的相关性（$p<.001$）。描述性统计的对比分析发现，相比其他信教群体，不信教的人群暴力犯罪率最高。因此，正常的宗教信仰，在某种意义上，对暴力犯罪起到一定的抑制作用。

六、农民工工作年限

根据 Pearson 相关性分析，农民工进城务工年限与违法犯罪自我报告呈显著相关（$r= -.162$，$p<.001$），但与暴力犯罪程度无显著相关性。非参数相关性分析发现，进城务工年限还与暴力犯罪率显著相关（$r=-.161$，$p<.001$）。因此，农民工进城务工时间越短，则违法犯罪及暴力犯罪的可能性就越大。在与犯人的访谈中，我们发现一些农民式罪犯在案发时，往往进城务工时间较短，或者频繁地更换工种。由于工作不稳定，又嫌收入低，吃不起苦，刚刚进城的农民工，更容易选择违法犯罪这一捷径。

七、劳动雇佣的权利保障

通过调查农民工有无与雇主或者单位签订劳动合同，来度量农民工代际之间是否存在着雇佣权利保障的差异性。通过非参数检验发现，Z 系数值显示差异不显著。这一结果说明，农民工劳动雇佣的代际差异不明显，劳动雇佣权利保障与其违法犯罪以及暴力不存在显著的相关性。

八、雇主歧视

雇主歧视，只是针对外出农民工群体进行度量的变量。通过独立样本 T 检验后发现，在身份歧视方面，农民工代际之间的差异不显著。此外，为剔除年龄因素的影响，研究者将年龄为协变量，对雇主歧视等线性变量进行方差分析，结果发现农民工群体在雇主歧视方面不存在着代际差异性（$F=1.707$，$p=.883$）。由此可知，雇主歧视并不是导致农民工群体违法犯罪以及暴力犯罪差异性的因素之一。

九、制度性歧视

将年龄作为协变量，对农民工群体自我感受的制度性歧视等线性变量进行方差检验发现，农民工群体在制度性歧视方面也不存在着代际差异性（$F=1.162$，$p=.394$）。由此可知，制度性歧视也不是导致农民工群体违法犯罪以及暴力犯罪差异性的因素之一。

十、居住地与犯罪率的关系

非参数检验发现，居住地的差异与违法犯罪自我报告不存在显著差异性，但居住地与暴力犯罪具有相关性（$p<.001$）。均值比较发现，居住在居民小区的人员发生暴力犯罪的概率最低，而居住在单位宿舍的人员发生暴力犯罪率的可能性最高。

十一、对警察的看法

对警察的看法，是度量警察在执法中是否存在显失公正态度的变量。同时，该变量也反映了警察对执法对象是否存在偏见和歧视。从某种意义上讲，该变量也是对制度性歧视的一种有效度量。Pearson 相关性分析发现，对警察的看法与违法犯罪自我报告呈显著相关性（$r=.279$，$p<.001$），与暴力犯罪程度也呈显著相关（$r=.306$，$p<.001$）。Spearman's rho 非参数相关性分析发现，对警察执法的看法与暴力犯罪率呈显著相关性（$r=.111$，$p<.001$）。上述分析结果说明，各群体对警察执法中表现的偏见和歧视的感受越强烈，则其违法犯罪自我报告率、暴力犯罪以及暴力犯罪程度也越高。

表 5-1-1　地位认同部分变量与违法、暴力以及暴力程度的

相关因素分析（Pearson and Spearman's rho）

自变量	违法犯罪自我报告	暴力犯罪 ^	暴力犯罪程度	累犯
	Coeff.	Coeff.	Coeff.	Coeff.
教育程度 #	−.115***	−.050*	.024	−.135**
婚姻 ^	−.204***	−	−.028	−
有无子女 ^	−.185***	−	−.026	−
父母收入 #	−.016	−.082**	−.023	
个人收入 #	−.071*	−.133***	−.265***	
务工时间 #	−.162***	−.161***	.006	
对警察态度 #	.279***	.111***	.306***	
宗教信仰 @	−.046	−	−.048	

注：n.s.= 无显著性，*p<.05，**p<.01，***p<.001（two-tailed）. # Pearson correlation，^Spearman's rho correlation. 暴力犯罪为非线性变量，采用 Spearman's rho 分析方法

表 5-1-2　地位认同部分变量的差异性检验

自变量	F	p
雇主歧视	1.707	n.s.
制度性歧视	1.162	n.s.
	Z	p
劳动保障	−1.026	n.s.
	λ	p
宗教信仰 @	21.064[a]	***
居住地 @	53.962[a]	***

注：n.s.= 无显著性 *p<.05，**p<.01，***p<.001（two-tailed）.@ 以暴力犯罪为因变量

第二节 道义认同

一、农民工进城务工的动机

将年龄作为协变量，分析农民工代际差异及进城务工动机选择差异对违法犯罪的影响。在问卷设计中，农民工进城务工的动机选项共有 4 项，依次分别为"赚点钱，改善生活"、"玩一玩，体验生活"、"闯一闯，锻炼才能"、"搏一搏，追求梦想"。由于选择"玩一玩，体验生活"、"闯一闯，锻炼才能"两种动机的样本量不够，且不是主要的影响因素，所以本研究重点分析农民工选择"赚点钱，改善生活"、"搏一搏，追求梦想"这 2 项指标对其违法犯罪的影响。具体分析详见表 5-2-1。

表 5-2-1 道义认同农民工进城务工动机的差异性检验

因变量	赚钱	创业	F	p
	Mean（SD）	Mean（SD）		
违法犯罪自我报告	1.66（1.738）	2.24（2.495）	13.680	***
累犯	.1906（.393）	.2415（.429）	3.985	*
	百分比	百分比	λ	p
暴力犯罪	37.7%	35.9%	.296[a]	n.s.
暴力犯罪程度	—	—	2.073	n.s.

注：n.s.= 无显著性 *p<.05，**p<.01，***p<.001（two-tailed）

（一）违法犯罪自我报告

分析表明，动机的主效应显著。不同动机的违法犯罪自我报告具有显著差异（F=13.680，p<.001），但不同代际之间的违法犯罪自我报告差异

不显著。上述分析说明，农民工违法犯罪自我报告受到其进城务工动机的影响。通过均值比较发现，选择拼搏动机的农民工比选择赚钱动机的农民工的违法犯罪报告犯罪率高，即动机的层次越高，期望越高，则其违法犯罪率也越高。

（二）暴力犯罪

卡方检验显示，暴力犯罪在农民工代际和动机选择两个因素上的差异不显著。说明农民工进城动机的不同，并不会影响其暴力犯罪率的高低。

（三）暴力犯罪程度

卡方检验显示，暴力犯罪程度在两个因素上的主效应不显著，交互作用不显著。说明农民工进城的动机选择与农民工暴力犯罪不具有相关性。

（四）累犯率

农民工不同动机的累犯性也呈显著差异性（F=3.985，p<.05）。均值比较也发现，选择拼搏动机的农民工，其重新犯罪率更高。

二、农民工进城落户意愿

通过独立样本的 T 检验发现，农民工代际之间的差异不显著。这一结论表明，农民工进城入户意愿选择与其违法犯罪以及暴力等均不存在显著相关性。

三、交流语言

农民工交流语言，是作为度量农民工城市融入的指标之一。非参数检验表明，Z 系数不显著，说明交流语言的使用方面，外出农民工一代与新生代农民工在代际上没有显著的差异性。

四、交友圈

通过独立样本 T 检验发现，在朋友的选择上，农民工代际之间并没有显著差异性。该结论说明，新生代农民工的社会交往圈并没有发生明显的变化。农民工违法犯罪以及暴力的代际差异，并非是由于农民的交往圈而引起的。

五、邻里关系

根据 Pearson 相关性分析，各身份群体的邻里关系与违法犯罪自我报告呈显著相关性（$r=.224$，$p<.001$），但与暴力犯罪程度没有显著相关性。这一结论说明，各身份群体邻里关系处理得越差（得分越高），则会报告更多的违法犯罪。此外，Spearman's rho 非参数相关性分析发现，邻里关系与暴力犯罪率无显著相关性，但与累犯有显著相关性（$r=.072$，$p<.01$）。综上分析表明，邻里关系越融洽，说明个体与社会的融合度越高。良好的邻里关系，对违法犯罪起到缓和及抑制作用，同时，也利于刑满释放的"归正人员"尽快适应生活环境，减少重新犯罪。

六、价值导向

根据 Pearson 相关性分析，各身份群体个人价值导向与违法犯罪自我报告呈显著负相关性（$r=-.390$，$p<.001$），但价值导向与暴力犯罪程度没有显著相关性。同时，根据 Spearman's rho 非参数相关性分析发现，

价值观导向与暴力犯罪率也无显著相关性，但与累犯有显著负相关性（$r=-.192$，$p<.001$）。该结论说明，各身份群体的违法观念越强，则会报告更多的违法犯罪，重新犯罪率也越高。这也许可以解释为什么同样的生活境遇下，多数人没有实施违法和犯罪，而少数人却违法犯罪了，这与个体的价值导向有着密切的联系。当然，导致违法价值观的差异原因十分复杂，受到生活环境和个性特质共同的影响。但是，个人价值观的差异，并没有对暴力犯罪和暴力犯罪程度产生显著影响。

七、情绪

根据 Pearson 相关性分析，各身份群体个体情绪与违法犯罪自我报告呈显著负相关性（$r=-.283$，$p<.001$），与暴力犯罪程度显著相关（$r=-.089$，$p<.05$）。根据 Spearman's rho 非参数相关性分析，情绪与暴力犯罪率无显著相关性，但与累犯有显著负相关性（$r=-.102$，$p<.001$）。这一结论说明，各身份群体情绪越冲动和不稳定，则导致更多的违法犯罪，如果情绪暴躁的行为人一旦实施暴力犯罪，其性质更为恶劣，重新犯罪的机率也会增加。

八、被害自我报告

根据 Pearson 相关性分析，各身份群体被害自我报告与违法犯罪自我报告呈显著负相关性（$r=-.260$，$p<.001$），但与暴力犯罪程度无显著相关性。Spearman's rho 非参数相关性分析发现，被害自我报告与暴力犯罪率有显著负相关性（$r=-.058$，$p<.05$），与累犯率也具有显著负相关性（$r=-.107$，$p<.001$）。上述数据说明，各身份群体被害率越高，则违法犯罪率越低，累犯率也越低。

表 5-2-2　道义认同部分变量与违法、暴力以及暴力程度的

相关因素分析（Pearson and Spearman's rho）

自变量	违法犯罪自我报告 #	暴力犯罪 ^	暴力犯罪程度 #	累犯 #
	Coeff.	Coeff.	Coeff.	Coeff.
邻里关系	.224***	.039	.004	.072**
价值导向	−.390***	−.017	−.077	−.192***
情绪	−.283***	.028	−.089*	−.102***
被害自我报告	−.260***	−.058*	−.017	−.107***

注：n.s.= 无显著性，*p<.05，**p<.01，***p<.001（two-tailed）."#" Pearson 相关性，"^"
指 Spearman's rho 相关性

表 5-2-3　道义认同部分变量的差异性检验

自变量	Mean（SD）		F	p
	农民工一代	新生代农民工		
进城落户意愿	2.31（.650）	2.29（.632）	.701	n.s.
朋友亲密度	2.31（.683）	2.33（.718）	1.413	n.s.
			z	p
交流语言	1.28（.574）	5.15（1.986）	−1.113	n.s.

注：n.s.= 无显著性 *p<.05，**p<.01，***p<.001（two-tailed）.@ 暴力犯罪为因变量

第三节　情感认同

一、与父母相处

根据 Pearson 相关性分析，与父母相处与违法犯罪自我报告呈显著

相关性（$r=.261$，$p<.001$），但与暴力犯罪程度没有显著相关性。根据 Spearman's rho 非参数相关性分析，与父母相处和暴力犯罪率无显著相关性，但与累犯有显著负相关性（$r=.140$，$p<.01$）。这一结论表明，各群体与父母相处关系越融洽（分值越低），则违法犯罪率越低，重新犯罪率也越低。但是，该自变量与暴力犯罪以及暴力犯罪的程度并无相关性。

二、父母监管

根据 Pearson 相关性分析，父母监管与违法犯罪自我报告呈显著负相关性（$r=-.167$，$p<.001$），但与暴力犯罪程度没有显著相关性。根据 Spearman's rho 非参数相关性分析，父母监管与暴力犯罪率有显著负相关性（$r=-.108$，$p<.001$），与累犯有显著负相关性（$r=-.096$，$p<.001$）。该结论表明，父母监管方面对各群体的违法犯罪以及暴力、重新犯罪率均有影响，即父母监管得越松，则违法犯罪及暴力犯罪率越高，重新犯罪率也越高。由此可见，父母的教育和监管对子女的成长十分重要，是最为重要的非正式社会控制手段之一。此外，父母监管也是子女情感认同的重要方面。如果缺乏父母监管，会导致子女情感认同的缺失，从而会使子女向外寻找情感寄托。一旦他们与社会不良青少年结交，很容易滋生违法犯罪，乃至暴力犯罪。这一解释，不仅能够回答农民工家庭教育缺失而导致的子女违法犯罪，同时，也可以回答其他身份群体相类似的家庭所导致的子女犯罪现象。

三、父母越轨（父母酗酒）

将父母酗酒行为作为度量父母越轨的指标。通过独立样本 T 检验发现，在父母酗酒方面，各身份群体的违法犯罪自我报告具有显著差异

（F=2.881，p<.001）。均值比较发现，父母有酗酒行为的，其违法犯罪自我报告率要高。同时，在暴力犯罪程度上也表现为显著性差异（F=5.585，p<.05）。均值比较发现，父母有酗酒行为的，其暴力犯罪程度要高。由此可见，父母不良行为，对子女的违法和犯罪恶性，会产生一定的影响。

四、父母离婚

通过独立样本检验发现，父母离婚在违法犯罪自我报告上差异显著（F=26.874，p<.001）。均值比较发现，如果父母离婚，其违法犯罪的自我报告要高。但是，该指标在暴力以及暴力程度方面，均无显著差异性。

五、家人曾被逮捕

通过独立样本检验发现，父母及家人是否有逮捕等违法犯罪嫌疑或前科的，对其违法犯罪自我报告有显著的差异性（F=21.361，p<.001）。通过均值比较发现，父母或家人曾经被逮捕的，其违法犯罪的自我报告要高。该结果说明，父母和家人的违法犯罪行为具有效仿作用，对其日后的违法行为会产生一定的影响。

六、亲戚朋友曾被逮捕

通过独立样本检验发现，亲戚及朋友是否有逮捕等经历，违法犯罪自我报告方面存在着显著性差异（F=23.473，p<.001）。通过均值比较发现，亲戚及朋友有逮捕等经历的，其违法犯罪的自我报告要高。该结论说明，亲戚朋友圈的违法状态，会对个体产生行为效仿作用。

七、留守儿童经历

针对农民工身份群体的留守儿童经历，第五章已有详细分析。独立样本检验发现，留守儿童与非留守儿童在违法犯罪自我报告率上呈现显著差异。均值比较发现，有留守儿童经历的样本比没有留守经历的样本报告更多的违法犯罪。但是，留守儿童经历在暴力犯罪率方面却未见显著差异。进一步检验暴力犯罪程度，则发现了显著性差异。通过对比均值发现，有留守儿童经历的样本反而要比无留守儿童经历的样本暴力犯罪程度低。这是一个非常有意义的发现。之前的文献中，留守儿童常常被污名化，但是，本研究却发现有留守儿童经历的，在暴力犯罪方面，并没有表现更高，反而是在暴力犯罪的程度上面，有留守儿童经历的暴力程度更低一些。

八、朋友亲密度

根据 Pearson 相关性分析，朋友亲密度与违法犯罪自我报告无显著相关性，但与暴力犯罪程度呈显著相关性（$r=.122$，$p<.01$）。根据 Spearman's rho 非参数相关性分析，朋友亲密度与暴力犯罪率相关性并不显著，但与累犯有显著相关性（$r=.085$，$p<.001$）。这一结论表明，各群体朋友相处越好（分值越低），则暴力犯罪程度越低，重新犯罪率也越低。这一结论说明，在朋友当中获得尊重，善于与朋友交往，对暴力犯罪的恶性和重新犯罪会起到一定的抑制作用。

九、朋友犯罪

根据 Pearson 相关性分析，朋友犯罪与违法犯罪自我报告呈显著相关性（$r=.595$，$p<.001$），但与暴力犯罪程度无显著相关。同时，根据 Spearman's rho 非参数相关性分析，朋友犯罪与暴力犯罪率呈显著相关性（$r=.065$，$p<.01$），与累犯亦呈显著相关性（$r=.226$，$p<.001$）。这一结论表明，朋友犯罪情况对个体的违法犯罪、暴力犯罪以及重新犯罪均造成较大的影响。朋友犯罪是影响力较强的因素之一。

十、受朋友侵害

根据 Pearson 相关性分析，受朋友侵害与违法犯罪自我报告呈显著负相关性（$r=-.150$，$p<.001$），但与暴力犯罪程度没有显著相关性。同时，根据 Spearman's rho 非参数相关性分析，受朋友侵害与暴力犯罪率也没有显著相关性，但与累犯有显著相关性（$r=-.109$，$p<.001$）。这一结论表明，经常受朋友侵害（分值越低），则其违法犯罪率较低，重新犯罪率也相对低。

十一、非制度性歧视

根据 Pearson 相关性分析，非制度性歧视与违法犯罪自我报告呈显著负相关性（$r=-.260$，$p<.001$），但与暴力犯罪程度没有显著相关性。同时，根据 Spearman's rho 非参数相关性分析，非制度性歧视与暴力犯罪率有显著相关性（$r=-.058$，$p<.05$），与累犯也呈显著相关性（$r=-.107$，$p<.001$）。该分析结果表明，受歧视程度越高（分值越低），则违法犯罪和暴力犯罪率越高，重新犯罪率也相对较高。但是，非制度性歧视并不是影响暴力犯罪恶性程度的主要因素之一。相比制度性歧视，非制度性歧视对违法犯罪、暴力以及重新犯罪会更为显著。

十二、自我身份认同

（一）违法犯罪自我报告

通过单因素方差分析，说明各身份群体自我身份认同的差异显著（$F=3.286$，$p<.05$）。通过均值比较发现，自我身份认同为农民的，违法犯罪的自我报告最高；认为是农民工的，相对较高；而自我身份认同为居民的，违法犯罪的自我报告最低。

（二）以暴力犯罪

通过单因素方差分析，发现各身份群体自我身份认同的差异非常显著（$F=32.102$，$p<.001$）。均值比较发现，自我身份认同为农民工的，暴力犯罪率最高；认为是居民的，暴力犯罪率最低。

（三）暴力犯罪程度

通过单因素方差分析，说明各身份群体在自我身份认同方面差异显著（$F=3.569$，$p<.001$）。通过均值比较，发现自我身份认同为居民的，暴力程度最高；认为是农民工的，暴力犯罪刑期最低。这也印证了我们在访谈中的发现。农民工的作案方式，往往临时起意的较多，作案方式相对比较简单，真正事先有周密预谋的，相对较少。而城市居民犯罪，相对有预谋的多，犯罪恶性程度也较大。

十三、他我身份认同

（一）违法犯罪自我报告

通过单因素分析发现，他我身份认同与自我报告违法犯罪情况的差异并不显著。

（二）暴力犯罪率

通过单因素方差分析发现，各身份群体他我身份认同差异非常显著（$F=29.122$，$p<.001$）。通过均值比较，发现他我身份认同为农民工的，暴力犯罪率最高；他我认同为居民的，暴力犯罪率最低。这一结果与自我身份认同与暴力犯罪的相关性分析是一致的。

（三）暴力犯罪程度

通过单因素方差分析发现，各身份群体在他我身份认同上的差异显著（$F=5.158$，$p<.01$）。通过均值比较，发现他我身份认同为居民的，暴力犯罪程度最高；认为是农民工的，暴力犯罪程度最低。

表 5-3-1　情感认同部分变量与违法、暴力以及暴力程度的
相关因素分析（Pearson and Spearman's rho）

自变量	违法犯罪自我报告 #	暴力犯罪 ^	暴力犯罪程度 #	累犯 #
	Coeff.	Coeff.	Coeff.	Coeff
与父母相处	.261***	.022	.079	.140**
父母监管	−.167***	−.108***	−.052	−.096***
朋友亲密度	−.046	−.038	.122**	.085***

续表

自变量	违法犯罪自我报告	暴力犯罪	暴力犯罪程度	累犯
	Coeff.	Coeff.	Coeff.	Coeff
朋友犯罪	.595***	.065**	−.025	.226***
被朋友侵害	−.150***	−.038	−.068	−.109***
非制度性歧视	−.260***	−.058*	−.017	−.107***

注：n.s.= 无显著性，* p<.05，** p<.01，*** p<.001（two–tailed）. # Pearson correlation, ^Spearman's rho correlation

表 5–3–2　情感认同部分变量的差异性检验

自变量		违法犯罪自我报告			暴力犯罪			暴力犯罪程度		
		Mean（SD）	F	p	Mean（SD）	F	p	Mean（SD）	F	p
父母越轨	Y	2.87（2.06）	2.88	***	.413（.496）	2.40	n.s.	13.27（11.30）	5.59	*
	N	1.64（1.85）			.360（.480）			9.82（9.13）		
父母离婚	Y	2.85（2.37）	26.87	***	.395（.490）	2.43	n.s.	9.29（8.34）	1.26	n.s.
	N	1.56（1.80）			.360（.480）			10.03（9.26）		
家人被捕	Y	2.62（2.56）	21.36	***	.314（.465）	9.55	sn.s.	9.05（8.36）	.934	n.s.
	N	1.72（1.91）			.370（.483）			10.4（9.34）		
亲戚被捕	Y	2.48（2.24）	23.47	***	.377（.485）	1.48	nn.s.	9.23（8.23）	5.62	n.s.
	N	1.56（1.83）			.360（.480）			10.78（9.60）		
留守儿童	Y	2.15（2.144）	.947	*	.445（.4987）	2.554	Nn.s.	7.34（6.840）	5.563	**
	N	1.76（1.888）			.402（.4907）			10.32（9.241）		

续表

自变量		违法犯罪自我报告			暴力犯罪			暴力犯罪程度		
		Mean（SD）	F	p	Mean（SD）	F	p	Mean（SD）	F	p
自我认同	1	1.84（2.08）			.377（.485）			10.85（9.80）		
	2	1.65（1.75）	3.29	*	.480（.500）	32.10	***	9.30（7.50）	3.569	***
	3	1.53（1.70）			.187（.391）			13.10（10.59）		
他我认同	1	1.78			.406（.491）			10.9（9.71）		
	2	1.57	1.23	n.s.	.442（.497）	29.1	***	8.65（7.16）	5.158	**
	3	1.66			.203（.402）			12.8（10.38）		

注：n.s.= 无显著性 * p<.05，** p<.01，*** p<.001（two-tailed）.Y=Yes, N=No.1= 农民，2 = 农民工，3 = 城市人

第四节　本章小结

社会分化理论有力地揭示了整合和分化所导致的不同后果，解释了认同缺乏在非经济因素中目标与实现途径之间的矛盾中扮演着重要角色。该理论还认为，人们实施暴力是弥补弱势和体现自尊。暴力成为恢复正义的一种选择。总之，社会整合或社会分化而导致的暴力问题，需要考虑更多的因素，而不仅仅是就业融合的问题。整合，应该包括经济的、机制的、社会情感层面等，而这些因素能够促进不同社会范围内个体认同的形成（Heitmeyer and Anhut，2008）。本章从社会分化理论假设中地位认同、道义认同及情感认同三个维度，对自变量与违法犯罪自我报告、暴力犯罪率、暴力犯罪程度及累犯等因变量之间的相关性进行分析。在度量上，绝大多数自变量是针对所有身份群体，但有些自变量，仅仅是针对外出农民工身份群体进行度量。在本章，一方面发现影响所有身份群体的违

法犯罪、暴力及累犯率的共同自变量，以揭示违法犯罪、暴力以及重新犯罪是否与身份有密切的相关性；另一方面，通过对外出农民工身份群体的度量，发现影响外出农民工违法犯罪或暴力的因素是否存在着代际差异性。

一、地位认同

地位认同与违法犯罪自我报告的相关性分析，各身份群体的教育程度、婚姻状况、拥有子女、个人经济状况等方面均有显著负相关性。总体上讲，教育程度越高，婚姻家庭结构越完整以及个人经济状况越好，其违法犯罪自我报告率越低。对农民工群体而言，进城务工时间越短暂，其违法犯罪率风险更大，报告率更高。农民工刚进城时，工作生活不够稳定，犯罪率会更高一些。至于农民工的劳动保障、雇主歧视以及公共政策方面不公产生的制度性歧视，在农民工的代际上没有发现存在着明显的差异性。如前所分析的外出农民工在违法犯罪自我报告上存在着显著的代际差异，但在这一差异看来并不是由于制度性歧视所造成的。

从地位认同与暴力犯罪、暴力犯罪程度的相关性分析来看，各身份群体在受教育程度、个人经济收入方面与暴力犯罪率之间具有负相关性。除个人收入外，其他变量与暴力程度不存在着显著关系。有宗教信仰的，其暴力犯罪率要明显低于无宗教信仰的。宗教信仰对暴力犯罪起到某些抑制作用。农民工进城务工的时间与暴力犯罪率存在着负相关性，这一结论与其违法犯罪自我报告的相关性是一致的。对警察看法是制度性歧视的度量指标之一。对警察执法中表现的歧视或不公感受越强烈，则其违法犯罪报告率、暴力犯罪以及累犯率也高。

归纳起来，从地位认同这一维度来看，教育、家庭以及个人收入等状况直接影响违法犯罪和暴力犯罪，这些变量普遍适用于所有身份群体。至于暴力犯罪程度，除个人收入状况会对暴力犯罪产生一定的影响外，其他变量无显著性影响。针对农民工这一特殊的身份群体而言，进城务工时间越短，发生暴力犯罪的风险也越高。宗教信仰在某种程度上会消减其暴力犯罪的风险。所以，在违法犯罪的预防层面，提高各群体的素质和提高个人收入水平，让他们过上体面生活，可以有效地实现社会融合而降低犯罪率。针对暴力犯罪干预，特别要关注初到城市打工群体，尤其是针对暂时居住在单位宿舍的农民工，提高暴力犯罪的排查以及风险干预。至于农民工的歧视问题，我们在调查和访谈中，并没有感受到农民工，尤其是新生代农民工有着强烈的社会歧视和不公感受。我们发现，制度性歧视在外出农民工身上的代际差异并不明显，制度性歧视也许不是造成农民工违法犯罪代际差异的主要原因之一。在犯罪预防上，我们应更注重各群体的社会经济状况，要关心外出农民工，帮助他们尽快地将工作和生活在城市中稳定下来。通过这些政策和措施的实施，会有利于实现外出农民工群体的犯罪预防。

二、道义认同

在道义认同维度，我们发现农民工进城务工的动机与违法犯罪率和累犯率相关。动机层次越高，则违法犯罪率和累犯率也越高。农民工期望与现实之间矛盾所导致的"紧张"，可能会引发更多的违法和犯罪。然而，从农民工进城落户意愿看，他们选择落户的积极性并不高，而且代际之间也没有差异性。这说明，农民工落户意愿的选择，对其违法犯罪以及暴力没有直接的影响。此外，农民工在城市的交流语言、朋友圈等也不存在代际差异，说明上述因素都不是造成农民工群体违法犯罪或实施暴力犯罪代际差异的主要原因之一。

总体而言，邻里关系、价值导向、情绪与违法犯罪和累犯率之间存在着显著相关性。邻里关系处理得越融洽，其违法犯罪和累犯性更低。越信奉违法价值观，个人情绪越消极，则违法犯罪率和累犯率越高。因此，在犯罪预防上要重视各身份群体的价值观引导和心理健康问题，同时要善于营造良好的生活环境，处理好邻里的关系。这些措施可以有效地实现各群体，特别是外来务工人口的社会融入，从而达到预防犯罪的目的。此外，在暴力犯罪及暴力犯罪程度上，绝大多数变量没有显著相关性。

三、情感认同

与父母相处、家庭教育以及父母越轨行为对其违法和暴力产生一定的影响。分析发现，各群体与父母相处关系越融洽，则报告的违法犯罪越少，重新犯罪率也越低。父母监管越松，则报告的违法犯罪越高，重新犯罪率也越高。父母教育和监管对子女成长十分重要，是非正式社会控制的重要内容之一。父母监管也是子女情感认同的重要方式。缺乏父母监管，必定导致子女情感认同的缺失，从而会导致子女向外寻找情感寄托。父母的不良行为与其子女的行为产生一定的影响。父母有酗酒行为的，其违法犯罪自我报告率要高，一旦实施暴力犯罪，则暴力犯罪程度要高。父母离婚，其违法犯罪的自我报告要高。此外，父母或家人曾经被逮捕的、亲戚及朋友有逮捕等经历的，其违法犯罪的自我报告要高。

社会分化理论认为，情感认同首先是得到家庭的温暖和关爱。如果在家庭中得不到情感上的认同，则转而会到社会上得到朋友的情感认同。分析发现，各身份群体的朋友关系、朋友犯罪以及被朋友侵害等对违法犯罪甚至暴力产生明显的影响，但对暴力犯罪程度影响有限。朋友违法犯罪和暴力犯罪率越高，则会导致其实施更多违法犯罪以及暴力，重新犯罪率也会上升。朋友相处与违法犯罪却呈负相关性，即与朋友相处得越好，违法犯罪则越少，而且会消减其暴力犯罪的程度。

在非制度性歧视方面，该变量对违法犯罪、暴力犯罪和累犯均产生一定影响，受歧视程度越高，则违法犯罪率、暴力犯罪率越高，重新犯罪率也相对高。制度性歧视可以寄希望于政府在制定公共政策中，加以改进和完善，但非制度性歧视，原因更为复杂，要消减存在人们内心的身份歧视，需要相当长的一个过程。

自我身份认同和他我身份认同，是情感认同中非常重要的一项指标。分析发现，自我身份认同为农民的，违法犯罪的自我报告最高；认为是居民的，其违法犯罪自我报告最低。在暴力犯罪率上，自我身份认同为农民工的，暴力犯罪率最高；认为是居民的，其违法犯罪自我报告最低。然而，在暴力犯罪程度方面，结果则正好相反。在他我身份认同方面的发现，与自我身份认同基本一致。

研究发现，有留守儿童经历要比没有留守经历报告更多的违法犯罪，但在暴力犯罪率未出现显著差异。在暴力犯罪程度方面，有留守儿童经历的反而要比无留守儿童经历的暴力犯罪程度低。留守儿童的经历可能被污名化，留守儿童经历对其今后的行为影响，需要重新评估。

第六章　各身份群体影响因素的相关性分析

在第六章中，我们将所有样本作为一个整体，对其自变量与因变量的相关性按照三个维度进行了详细的分析。接下来，本章将选取主要线性变量，对各身份群体单独进行相关性检验。为突出分析重点，我们在对所有身份的相关性分析中，仅仅检验变量与因变量违法犯罪自我报告的相关性。而在对农民工身份群体的相关性分析中，则增加了一些专门针对农民工度量的变量，并分别开展与违法犯罪自我报告、暴力犯罪、暴力犯罪程度以及累犯之间等四项因变量的相关性检验。

第一节　各身份群体影响因素的相关性分析

一、城市人

相关性分析发现，教育程度、对警察态度、邻里关系、价值导向、情绪、被害自我报告、与父母相处、父母监管以及朋友犯罪情况等变量与违法犯罪自我报告具有显著相关性。

二、城镇人

分析发现，教育程度、对警察态度、邻里关系、价值导向、与父母相处、父母监管、朋友亲密度、朋友犯罪情况以及被朋友侵害等变量具有显著的相关性。

三、城市中的城镇人

分析显示，教育程度、对警察态度、邻里关系、价值导向、被害自我报告、与父母相处、朋友犯罪情况等变量具有显著的相关性。

四、本地农民工

对本地农民工群体的相关性分析显示，对警察态度、邻里关系、价值导向、被害自我报告、与父母相处、朋友犯罪情况以及被朋友侵害等变量具有显著的相关性。

五、外出农民工一代

分析发现，对警察态度、父母收入、邻里关系、价值导向、情绪、被害自我报告、与父母相处、父母监管、朋友犯罪情况以及被朋友侵害等变量具有显著的相关性。

六、新生代农民工

分析发现，对警察态度、邻里关系、价值导向、情绪、被害自我报告、与父母相处、父母监管、朋友犯罪情况以及被朋友侵害等变量具有显著的相关性。

七、农民

分析发现，对警察态度、父母收入、邻里关系、价值导向、情绪、被害自我报告、朋友犯罪情况等变量具有显著的相关性，朋友犯罪情况和价值导向具有显著的相关性。详见表6-1-1。

表6-1-1　各身份群体各变量与违法自我报告的相关性分析

预测变量	城市人	城镇人	城市中的城镇人	本地农民工	农民工一代	新生代农民工	农民
	Coeff.	Coeff.	Coeff.	Coeff.	Coeff.	Coeff.	Coeff.
地位认同							
教育程度	-.224**	-.437**	-.302*	-.204	-.038	-.101	.063
对警察态度	.336***	.447**	.323*	.442***	.315**	.223**	.267***
父母收入	-.069	-.225	-.178	-.009	-.142**	.064	.144*
道义认同							
邻里关系	.367***	.516***	.552***	.519***	.288**	.123*	.162*
价值导向	-.427***	-.583***	-.387**	-.386***	-.431**	-.356**	-.345***
情绪	-.328***	-.129	-.253	-.193	-.354**	-.271**	-.169**
被害自我报告	-.275**	-.094	-.526***	-.615***	-.342**	-.173**	-.145*
情感认同							
与父母相处	.213*	.422**	.427**	.381***	.265**	.200**	.122
父母监管	-.308***	-.162	-.228	-.182	-.111*	-.144*	-.072
朋友亲密度	.091	.431**	-.047	.160	-.053	-.094	-.102

预测变量	城市人	城镇人	城市中的城镇人	本地农民工	农民工一代	新生代农民工	农民
	Coeff.	Coeff.	Coeff.	Coeff.	Coeff.	Coeff.	Coeff.
朋友犯罪	.574***	.667***	.563***	.679***	.585**	.536**	.552***
被朋友侵害	−.166	−.312*	−.199	−.245*	−.118*	−.145*	−.031

注：Pearson correlation，*p<.05，**p<.01，***p<.001（two-tailed）

第二节　外出农民工群体影响因素的相关性分析

一、以违法犯罪自我报告为因变量的分析

（一）线性变量相关性分析

1. 外出农民工一代

采取 Pearson 相关性分析，具有显著相关性的变量有：父母家庭收入（$r=-.142$，$p<.01$）、与父母相处（$r=.265$，$p<.01$）、父母监管（$r=-.111$，$p<.05$）、同伴违法（$r=.585$，$p<.01$）、被朋友侵害（$r=-.118$，$p<.05$）、邻里关系（$r=.288$，$p<.01$）、警察态度（$r=.315$，$p<.01$）、非制度性歧视（$r=-.342$，$p<.01$）、被害自我报告（$r=-.342$，$p<.01$）、价值导向（$r=-.431$，$p<.01$）、情绪（$r=-.354$，$p<.01$）、雇主歧视（$r=.139$，$p<.01$）。

2. 新生代农民工

采取 Pearson 相关性分析，具有显著相关性的变量有：与父母相处（$r=.200$，$p<.01$）、父母监管（$r=-.144$，$p<.05$）、朋友违法（$r=.536$，

$p<.01$)、被朋友侵害（$r=-.145$，$p<.05$)、邻里关系（$r=.123$，$p<.05$)、警察态度（$r=.223$，$p<.01$)、非制度性歧视（$r=-.173$，$p<.01$)、被害自我报告（$r=-.173$，$p<.01$)、价值导向（$r=-.356$，$p<.01$)、情绪（$r=-.271$，$p<.01$)、雇主歧视（$r=.155$，$p<.01$)、制度性歧视（$r=.122$，$p<.05$)。

3. 差异分析

对线性变量与违法犯罪自我报告之间相关性的代际差异性分析发现，外出农民工一代的父母经济状况好坏，会影响其违法犯罪，而对新生代农民工，其父母的家庭经济状况与其违法犯罪不存在显著相关。相比外出农民工一代，新生代农民工的父母长期在外务工，其父母经济状况已有改善，新生代农民工因为家庭贫困的原因而直接导致其违法犯罪的可能性降低。

雇主歧视与农民工一代和新生代农民工的违法犯罪均显著相关，而制度性歧视只与新生代农民工的违法犯罪相关。因此，对外出农民工一代而言，对公共政策不公平所导致的制度性歧视并不敏感，他们对社会不公的忍耐性更强，而新生代农民工则更可能因制度性歧视而产生更多的违法犯罪，甚至暴力犯罪行为。详见表 6-2-1。

表 6-2-1　农民工群体线性自变量与自我报告犯罪的 Pearson 相关性分析

自变量	农民工一代	新生代农民工
	Coeff.	Coeff.
教育程度	−.038	−.101
父母收入	−.142**	.064
与父母相处	.265**	.200**
父母监管	−.111*	−.144*
朋友亲密度	−.053	−.094
朋友犯罪	.585**	.536**

续表

自变量	农民工一代	新生代农民工
	Coeff.	Coeff.
被朋友侵害	−.118*	−.145*
邻里关系	.288**	.123*
对警察态度	.315**	.223**
非制度性歧视	−.342**	−.173**
被害自我报告	−.342**	−.173**
价值导向	−.431**	−.356**
情绪	−.354**	−.271**
雇主歧视	.139**	.155**
制度性歧视	.065	.122*

注：Pearson correlation，*p<.05，**p<.01，***p<.001（two−tailed）

（二）非线性变量相关性分析

1.外出农民工一代

采用 Spearman's rho 进行非参数检验分析表明，被调查人的婚姻状况（r=−.162，p<.01）、子女情况（r=−.158，p<.01）、劳动保障（r=.094，p<.05）、父母越轨行为（r=−.194，p<.01）、父母离异（r=−.158，p<.01）、朋友被捕（r=−.236，p<.01）等自变量与违法犯罪自我报告具有显著相关性。

2.新生代农民工

针对新生代农民工而言，非线性变量中劳动保障（r=.126，p<.05）、朋友被捕（r=−.154，p<.01）具有显著的相关性。其他非线性自变量均没有显著相关性。

3.差异分析

从非线性变量的相关性分析看出，外出农民工一代的父母家庭关系破碎、父母不良行为、子女状况，会对其违法犯罪产生一定的影响；而对于新生代农民工而言，上述变量的影响不存在，但劳动保障、朋友家人被捕等情况则会对其违法犯罪产生影响。根据上述代际差异性可以推断，新生代农民工表现得更为独立，父母家庭状况对其影响要比对农民工一代的影响大，而朋友犯罪行为则对其违法犯罪行为产生更大的影响。详见表 6–2–2。

表 6–2–2：农民工群体非线性自变量与违法自我报告的 Spearman's rho 相关性分析

自变量	农民工一代	新生代农民工
	Coeff.	Coeff.
婚姻	−.162**	−.045
有无子女	−.158**	−.021
劳动保障	.094*	.126*
宗教信仰	−.020	−.032
务工动机	.069	−.013
留守儿童	−.063	−.042
进城落户意愿	.023	.002
学习本地方言	−.040	−.047
使用语言	.063	.082
父母越轨	−.194**	−.087
父母离婚	−.158**	−.111
家人被捕	−.145**	−.089
朋友被捕	−.236**	−.154**

注：Spearman's rho correlation，*$p<.05$，**$p<.01$，***$p<.001$（two–tailed）

二、以暴力犯罪以及暴力犯罪程度为因变量的分析

（一）线性自变量相关性分析

1. 外出农民工一代

以暴力犯罪作为因变量，根据相关性分析发现，在所有三个维度的线性自变量中，只有被朋友侵害与暴力犯罪具有相关性（$r=-.096$，$p<.05$）。其他线性变量的相关性不显著。在暴力程度方面，所有线性的自变量与暴力犯罪的程度，均没有显著相关性。

2. 新生代农民工

以暴力犯罪作为因变量，采取 Spearman's rho 相关性分析发现，在线性自变量中父母收入（$r=-.119$，$p<.05$）、父母监管（$r=-.114$，$p<.05$）与暴力犯罪具有显著的相关性；在暴力程度方面，所有线性自变量与暴力犯罪程度相关性中，只有父母家庭收入（$r=-.224$，$p<.05$）、与父母相处（$r=.272$，$p<.01$）有显著相关性。

3. 差异分析

在暴力犯罪的相关性方面，外出农民工一代受到朋友欺负与其暴力行为呈负相关性，其他非线性变量对其暴力犯罪以及暴力犯罪程度没有显著性影响；而对新生代农民工而言，父母的家庭状况以及父母管教好坏，更易影响其暴力行为。同时，父母的家庭关系状况以及与父母相处情况，对新生代农民工的暴力犯罪程度会产生一定的影响。可见，影响新生代农民工暴力恶性的变量要比农民工一代更多，其中家庭环境的影响系数最大。详见表 6-2-3 及表 6-2-4。

表 6-2-3　农民工群体线性自变量与暴力犯罪的 Spearman's rho 相关性分析

自变量	农民工一代	新生代农民工
	Coeff.	Coeff.
教育程度	.085	−.007
父母收入	−.003	−.119*
与父母相处	−.031	.040
父母监管	−.028	−.114*
朋友亲密度	−.021	−.052
朋友犯罪	−.044	.040
被朋友侵害	−.096*	−.030
邻里关系	−.027	.055
对警察态度	.090	.069
歧视	.057	−.106
被害自我报告	.057	−.106
价值导向	.054	.039
情绪	.007	.062
雇主歧视	−.013	.097
制度性歧视	.017	−.007

注：Spearman's rho correlation，*p<.05，**p<.01，***p<.001（two-tailed）

表 6-2-4　农民工群体线性自变量与暴力犯罪程度（刑期）的 Pearson 相关性分析

自变量	农民工一代	新生代农民工
	Coeff.	Coeff.
教育程度	−.066	−.069
父母收入	.138	−.224*
与父母相处	.024	.272**

续表

自变量	农民工一代	新生代农民工
	Coeff.	Coeff.
父母监管	−.062	−.161
朋友亲密度	.022	.119
朋友犯罪	−.041	.158
被朋友侵害	−.014	−.021
邻里关系	−.150	.161
对警察态度	.090	.132
歧视	.023	−.063
被害自我报告	.023	−.063
价值导向	.035	−.161
情绪	.006	−.163
雇主歧视	−.033	.131
制度性歧视	−.005	.045

注：Pearson correlation，*p<.05，**p<.01，***p<.001（two-tailed）

（二）非线性相关性分析

1. 外出农民工一代

在暴力犯罪方面，婚姻（$r=-.130$，$p<.01$）和有无子女（$r=-.130$，$p<.01$）对暴力犯罪有显著的负相关性。在暴力程度相关性方面，有无留守儿童经历与暴力程度之间具有相关性（$r=.193$，$p<.05$）。

2. 新生代农民工

在暴力犯罪方面，只有婚姻状况（$r=-.114$，$p<.05$）对新生代农民工具有负相关性。在暴力犯罪程度方面，所有的非线性变量均与其没有显著的相关性。

3. 差异性分析

在暴力犯罪方面，婚姻状况对农民工的暴力犯罪影响较大。由于新生代农民工年龄较轻等因素的影响，子女状况对新生代农民工的暴力犯罪影响显得不够显著。在暴力程度方面，留守儿童经历，对新生代农民工并没有影响。详见表 6-2-5 及表 6-2-6。

表 6-2-5　农民工群体非线性自变量与暴力犯罪的 Spearman's rho 相关性分析

自变量	农民工一代	新生代农民工
	Coeff.	Coeff.
婚姻	−.130**	−.114*
有无子女	−.130**	−.103
劳动保障	−.050	−.046
宗教信仰	−.025	−.084
务工动机	.016	−.030
留守儿童	−.067	.021
进城落户意愿	.029	.065
学习本地方言	.020	.009
使用语言	.068	−.034
父母越轨	.076	−.096
父母离婚	−.036	.064
家人被捕	.065	.047
朋友被捕	.017	−.012

注：Spearman's rho correlation，*p<.05，**p<.01，***p<.001（two-tailed）

表 6-2-6　农民工群体非线性自变量与暴力犯罪程度（刑期）的

Spearman's rho 相关性分析

自变量	农民工一代	新生代农民工
	Coeff.	Coeff.
婚姻	−.022	−.088
有无子女	−.037	−.091
劳动保障	−.068	.090
宗教信仰	.058	−.079
务工动机	−.007	−.131
留守儿童	.193*	.025
进城落户意愿	−.040	.142
学习本地方言	−.115	−.051
使用语言	−.017	.057
父母越轨	−.007	−.152
父母离婚	.100	−.062
家人被捕	.147	−.064
朋友被捕	−.057	.166

注：Spearman's rho correlation，*p<.05，**p<.01，***p<.001（two-tailed）

三、以累犯率为因变量的分析

（一）线性自变量与累犯的相关性

1. 外出农民工一代

以累犯作为因变量的分析发现，被调查人的教育程度（r=−.153，p<.01）、父母家庭收入状况（r=−.125，p<.01）、与父母相处关系（r=.178，

$p<.01$)、朋友犯罪情况（$r=.308$，$p<.01$）、被朋友侵害（$r=-.126$，$p<.01$）、邻里关系（$r=.104$，$p<.05$）、对警察态度（$r=.160$，$p<.01$）、价值导向（$r=-.224$，$p<.01$）、情绪（$r=-.114$，$p<.05$）等线性自变量与累犯率具有显著相关性。

2. 新生代农民工

在线性自变量中，只有朋友犯罪情况（$r=.147$，$p<.01$）与累犯之间具有相关性。

3. 差异性分析

从代际差异来看，外出农民工一代的累犯率与诸多因素有关；而对新生代农民工，影响累犯率的自变量相对单一，只有朋友犯罪情况与其累犯之间存在着相关性。详见表 6–2–7。

表 6-2-7　农民工群体线性自变量与累犯的 Pearson 相关性分析

自变量	农民工一代	新生代农民工
	Coeff.	Coeff.
教育程度	−.153**	−.098
父母收入	−.125**	−.009
与父母相处	.178**	.061
父母监管	−.078	−.085
朋友亲密度	.029	.022
朋友犯罪	.308**	.147**
被朋友侵害	−.126**	.003
邻里关系	.104*	.002
对警察态度	.160**	.064
歧视	−.077	.004
被害自我报告	−.077	.004

续表

自变量	农民工一代	新生代农民工
	Coeff.	Coeff.
价值导向	−.224**	−.086
情绪	−.114*	−.054
雇主歧视	−.053	−.016
制度性歧视	−.024	−.094

注：Pearson correlation，*p<.05，**p<.01，***p<.001（two-tailed）

（二）非线性自变量与累犯之间相关性分析

1. 外出农民工一代

以累犯作为因变量，分析发现，劳动保障（$r=.097$，$p<.05$）、留守儿童（$r=-.125$，$p<.01$）、父母离异（$r=-.222$，$p<.05$）等非线性自变量与累犯之间具有相关性。特别是具有留守儿童经历的，将对累犯率起到抑制的作用。这是一个特别有意思的发现。

2. 新生代农民工

以累犯作为因变量，分析发现，学习方言（$r=-.144$，$p<.05$）与累犯具有负相关性。

3. 差异性分析

从代际差异来看，外出农民工一代的累犯率与劳动保障、父母离异等多因素有关。而对新生代农民工，除语言学习与其累犯之间存在着一定相关性外，其他因素的相关性不显著。累犯与年龄因素密切相关，新生代农民工的年龄较轻，累犯率相比农民工一代要低，因此累犯与新生代农民工的因素之间相关性较难以测量。详见表6-2-8。

表 6-2-8　农民工群体非线性自变量与累犯的 Spearman's rho 相关性分析

自变量	农民工一代	新生代农民工
	Coeff.	Coeff.
婚姻	−.041	.028
有无子女	−.043	.035
劳动保障	.097*	.034
宗教信仰	−.071	.025
务工动机	.054	.029
留守儿童	−.125**	−.001
进城落户意愿	−.033	−.087
学习本地方言	.001	−.144*
使用语言	.057	.066
父母越轨	.003	−.044
父母离婚	−.222*	−.009
家人被捕	−.029	−.019
朋友被捕	−.033	.017

注：Spearman's rho correlation，*p<.05，**p<.01，***p<.001（two-tailed）

第三节　本章小结

一、各身份群体影响因素的相关性分析

以违法犯罪自我报告作为因变量，各身份群体的自变量与因变量的相关性检验发现，多数自变量对各身份群体的违法犯罪均有显著性影响。比较发现，其中对警察态度、邻里关系、价值导向、朋友犯罪等 4 个自变量

几乎对所有 7 类身份群体的违法犯罪有显著影响。受教育程度高低，对与农民工和农民群体没有影响；父母经济状况只对外出农民工一代和农民有显著影响；父母监管对农民没有显著影响；朋友亲密度只对在城市的城镇流动人口有显著影响；被害率对城镇人没有影响。

二、外出农民工群体影响因素的相关性分析

对线性变量与违法犯罪自我报告之间相关性的代际差异性分析发现，外出农民工一代的父母经济状况好坏，会影响其违法犯罪，而对新生代农民工，其父母的家庭经济状况与其违法犯罪不存在显著相关。相比外出农民工一代，新生代农民工的父母长期在外务工，其父母经济状况已有改善，新生代农民工因为家庭贫困的原因而直接导致其违法犯罪的可能性降低。雇主歧视与农民工一代和新生代农民工的违法犯罪具有相关性，而制度性歧视只与新生代农民工的违法犯罪相关。外出农民工一代对公共政策不公平所导致的制度性歧视不敏感，对社会不公的忍耐性更强。而新生代农民工可能因制度性歧视产生更多的违法犯罪和暴力。

在暴力犯罪的相关性方面，外出农民工一代受到朋友欺负与其暴力行为呈负相关性，其他非线性变量对其暴力犯罪以及暴力犯罪程度没有显著性影响。新生代农民工父母的家庭状况以及父母管教好坏，更易影响其暴力犯罪和恶性程度。婚姻状况对农民工的暴力犯罪影响较大。由于新生代农民工年龄较轻等因素的影响，子女状况对新生代农民工的暴力犯罪影响并不显著。留守儿童经历对新生代农民工的暴力犯罪没有影响。外出农民工一代的累犯率与诸多因素有关，而影响新生代农民工累犯率的自变量只有朋友犯罪情况和语言学习，其他因素的相关性不显著。

第七章　整体和各身份群体的回归模型

在前面两章，我们根据理论假设的三个维度，即地位认同、道义认同和情感认同，分别按照样本整体和各身份群体，分别对各自变量与违法犯罪、暴力犯罪、暴力犯罪程度以及累犯率等因变量之间的相关性进行了检验，并比较各相关变量的差异性。在本章中，我们将对三个维度中的线性自变量与因变量进行多元回归分析，通过建立相关回归模型，更为准确地分析各相关线性变量的影响度。在分析方法上，我们也按照前述的相关性分析的逻辑思路，先将样本作为一个整体，建立普遍适用的多元回归模型。之后，再按照不同的身份类别，分别作进一步多元回归分析，以建立各身份群体单独的回归模型。

第一节　整体回归模型

一、以违法犯罪自我报告为因变量的回归模型

根据第六章、第七章中关于线性自变量与违法自我报告的 Pearson 相关性分析结果，发现在所有的线性自变量中，以下几种线性自变量具有相关性：教育程度、对警察态度、邻里关系、价值导向、情绪以及被害自我

报告、与父母相处、父母监管、朋友犯罪、受朋友侵害、非制度性歧视等11 种线性自变量。此外，我们还选取 1 种具有相关性的非线性自变量纳入回归分析。以所有群体作为数据样本进行的回归分析发现，对上述 12种具有相关性的变量进行回归分析，发现具有显著预测效果的自变量共有10 个(p<.05)。按照社会分化理论假设所设定的三个维度，回归分析如下，详见表 7-1-1。

（一）地位认同

地位认同维度的线性自变量中，教育程度、父母收入、对警察态度以及宗教信仰具有显著相关性。回归分析显示，受教育程度的回归系数显著（β =-.115，p<.001），对警察态度的回归系数显著（β =.063，p<.05）。

（二）道义认同

道义认同维度的线性自变量中，邻里关系、价值导向、情绪以及被害自我报告等 4 种自变量具有显著相关性。回归分析显示，上述 4 种自变量与违法犯罪自我报告的回归系数显著，邻里关系（β =.153，p<.001），价值导向（β =-.259，p<.001），情绪（β =-.181，p<.001），被害自我报告（β =-.199，p<.001）。

（三）情感认同

在情感认同的维度指标中，与父母相处、父母监管、朋友犯罪、受朋友侵害、非制度性歧视、身份自我认同等 6 项线性和非线性自变量与违法犯罪自我报告具有显著相关性。回归分析显示，具有显著性回归系数分别为与父母相处（β =.102，p<.001）、父母监管（β =-.053，p<.05）、朋友犯罪（β =.526，p<.001）、非制度性歧视（β =-.125，p<.001）。

二、以暴力犯罪程度为因变量的回归模型

暴力犯罪程度为线性变量，采用方差分析，考虑年龄因素作为协变量，进行组间单维方差分析，发现各身份群体之间的差异不显著（F=1.634，p=.136）。为进一步验证差异性是否存在，根据 Pearson 相关性分析，发现对警察态度、情绪、朋友亲密度等自变量与暴力犯罪程度存在着显著相关性，回归分析如下：

（一）地位认同

在地位认同的相关变量中，对警察态度等变量具有相关性。对上述具有相关性的变量进行回归，未发现存在显著性。

（二）道义认同

在道义认同的相关变量中，情绪具有相关性。对该自变量的回归分析发现系数显著，情绪（β=-.128，p<.05）。

（三）情感认同

在情感认同变量中，朋友亲密度具有相关性。对上述具有相关性的变量进行回归分析，未发现存在显著性自变量。

表 7-1-1　整体各自变量与违法、暴力以及暴力程度的回归分析

预测变量	违法犯罪自我报告		暴力犯罪程度	
	b（SE）	Beta	b（SE）	Beta
地位认同				
教育程度	-.199***	-.115		
	(.042)			
对警察态度	.047*	.063		
	(.021)			
道义认同				
邻里关系	.095***	.153		
	(.018)			
价值导向	-.117***	-.259		
	(.014)			
情绪	-.144***	-.181	.463*	-.128
	(.025)		(.191)	
被害自我报告	-.255***	-.199		
	(.066)			
情感认同				
与父母相处	.087***	.102		
	(.023)			
父母监管	-.052*	-.053		
	(.025)			
朋友亲密度	-	-	.268	.087
			(.167)	
朋友犯罪	.537***	.526		
	(.028)			

续表

预测变量	违法犯罪自我报告		暴力犯罪程度	
	b（SE）	Beta	b（SE）	Beta
被朋友侵害	.027	.023		
	(.031)			
非制度性歧视	−.284***	−.125		
	(.063)			
自我认同	−.079	−.037		
	(.088)			
	F=67.620***		F=9.783***	
	R^2=.417		R^2=.012	

注：n.s.= 无显著性，*p<.05，**p<.01，***p<.001（two-tailed）

第二节　各身份群体回归模型

一、城市人

相关性分析发现，教育程度、对警察态度、邻里关系、价值导向、情绪、被害自我报告、与父母相处、父母监管以及朋友犯罪情况等变量与违法自我报告具有显著相关性。回归分析显示，朋友犯罪情况（β=.407，p<.001），情绪（β=−.217，p<.05）。

二、城镇人

相关性分析发现，教育程度、对警察态度、邻里关系、价值导向、与父母相处、父母监管、朋友亲密度、朋友犯罪情况以及被朋友侵害等变量具有显著的相关性。回归分析显示，受教育程度（β =-.301，p<.05），朋友犯罪情况（β =.415，p<.05）。

三、城市中的城镇人

相关性分析发现，教育程度、对警察态度、邻里关系、价值导向、被害自我报告、与父母相处、朋友犯罪情况等变量具有显著的相关性。回归分析显示，对警察态度的相关系数为（β =.306，p<.01），自我被害的相关系数为（β =-.249，p<.05），朋友犯罪情况的相关系数为（β =.244，p<.05）。

四、本地农民工

相关性分析发现，对警察态度、邻里关系、价值导向、被害自我报告、与父母相处、朋友犯罪情况以及被朋友侵害等变量具有显著的相关性。回归分析发现，对警察的态度（β =.186，p<.05），被害自我报告（β =-.325，p<.001），朋友犯罪情况（β =.411，p<.001）。

五、外出农民工一代

相关性分析发现，对警察态度、父母收入、邻里关系、价值导向、情绪、被害自我报告、与父母相处、父母监管、朋友犯罪情况以及被朋友侵害等变量具有显著的相关性。回归分析发现，价值导向（β =-.228，p<.001），情绪（β =-.088，p<.05），被害自我报告（β =-.156，p<.001），朋友犯罪情况（β =.425，p<.001），受朋友侵害情况（β =.163，p<.001）。

六、新生代农民工

相关性分析发现，对警察态度、邻里关系、价值导向、情绪、被害自我报告、与父母相处、父母监管、朋友犯罪情况以及被朋友侵害等变量具有显著的相关性。回归分析显示，价值导向（$\beta =-.161$，$p<.01$），情绪（$\beta =-.120$，$p<.05$），朋友犯罪情况（$\beta =.424$，$p<.001$）。

七、农民

相关性分析发现，对警察态度、父母收入、邻里关系、价值导向、情绪、被害自我报告、朋友犯罪情况等变量具有显著的相关性。回归分析显示，价值导向（$\beta =-.246$，$p<.001$），朋友犯罪情况（$\beta =.481$，$p<.001$）。

表7-2-1：各身份群体各变量与违法自我报告的回归分析

预测变量	城市人 b (SE)	城市人 Beta	城镇人 b (SE)	城镇人 Beta	城市中的城镇人 b (SE)	城市中的城镇人 Beta	本地农民工 b (SE)	本地农民工 Beta	农民工一代 b (SE)	农民工一代 Beta	新生代农民工 b (SE)	新生代农民工 Beta	农民 b (SE)	农民 Beta
地位认同														
教育程度	-.094 (.079)	-.100	-.425* (.179)	-.301	-.272 (.158)	-.197	— —	—	— —	—	— —	—	— —	—
对警察态度	-.061 (.066)	-.078	.069 (.114)	.080	.350** (.124)	.306	.157* (.075)	.186	.022 (.032)	.026	-.011 (.054)	-.012	.026 (.065)	.026
父母收入	— —	—	— —	—	— —	—	— —	—	-.067 (.056)	-.046	— —	—	.134 (.088)	.093
道义认同														
邻里关系	.082 (.051)	.152	.018 (.104)	.029	.154 (.068)	.292	.119 (.065)	.216	.017 (.024)	.031	-.006 (.038)	-.010	.042 (.053)	.055
价值导向	-.031 (.035)	-.085	-.098 (.055)	-.238	-.028 (.059)	-.071	-.031 (.031)	-.087	-.098*** (.019)	-.228	-.076** (.027)	-.161	-.116*** (.033)	-.246
情绪	-.126* (.054)	-.217	— —	—	— —	—	— —	—	-.064* (.032)	-.088	-.100* (.048)	-.120	-.014 (.061)	-.016
被害自我报告	-.214 (.242)	-.075	— —	—	-.876* (.397)	-.249	-.827*** (.226)	-.325	-.332*** (.089)	-.156	-.043 (.135)	-.018	-.134 (.158)	-.060

续表

预测变量	城市人		城镇人		城市中的城镇人		本地农民工		农民工一代		新生代农民工		农民	
	b (SE)	Beta	b (SE)	Beta	b (SE)	Beta	b (SE)	Beta	b (SE)	Beta	b (SE)	Beta	b (SE)	Beta
情感认同														
与父母相处	.045 (.065)	.057	.061 (.111)	.081	.205 (.115)	.219	.098 (.079)	.119	.068 (.036)	.079	.092 (.052)	.100	–	–
父母监管	-.039 (.062)	-.052	–	–	–	–	–	–	-.049 (.040)	-.047	-.032 (.058)	-.029	–	–
朋友亲密度	–	–	.111 (.100)	.167	–	–	–	–	–	–	–	–	–	–
朋友犯罪	.354*** (.089)	.407	.531* (.213)	.415	.268* (.129)	.244	.409*** (.087)	.411	.453*** (.045)	.425	.456*** (.062)	.424	.484*** (.068)	.481
被朋友侵害	–	–	-.069 (.173)	-.065	–	–	-.217 (.126)	-.159	.187*** (.047)	.163	.074 (.093)	.045	–	–
	F=7.364***		F=4.926***		F=8.070***		F=10.496***		F=29.382***		F=11.746***		F=11.167***	
	N=108		N=45		N=42		N=69		N=408		N=262		N=169	
	R^2=.482		R^2=.649		R^2=.770		R^2=.692		R^2=.472		R^2=.361		R^2=.462	

注：n.s.= 无显著性，*p<.05，**p<.01，***p<.001（two-tailed）

第三节 外出农民工群体回归模型

一、农民工一代

(一)以违法自我报告为因变量回归分析

基于相关分析,具有显著相关性的变量有:父母家庭收入、农民工工作年限、父母相处、父母监管、同伴违法、被朋友侵害、邻里关系、警察态度、非制度性歧视、被害自我报告、价值导向、情绪、雇主歧视。

回归分析显示,对警察态度、朋友犯罪情况、受朋友侵害情况、歧视、价值导向等 5 个变量具有显著预测效果。地位认同方面,对警察态度(β=.130,p<.05);道义认同方面,价值导向的回归系数为(β=-.280,p<.001);情感认同方面,朋友犯罪情况的相关回归系数(β=.332,p<.001);受朋友侵害情况的相关回归系数(β=.143,p<.05);非制度性歧视(β=-.145,p<.05)。

(二)以暴力犯罪程度为因变量的回归分析

基于相关分析结论,所有线性的自变量与暴力犯罪程度,均没有显著相关性,因而无法进行回归分析。

二、新生代农民工

（一）以违法自我报告为因变量的回归分析

相关性分析显示，与父母相处、父母监管、朋友违法、被朋友侵害、邻里关系、警察态度、非制度性歧视、被害自我报告、价值导向、情绪、雇主歧视、制度性歧视等自变量具有显著相关性。回归分析发现，共2个具有显著预测效果的变量。道义认同方面，价值导向的回归系数为（β=−.172, p<.05）；情感认同方面，朋友犯罪情况的回归系数为（β=.475, p<.001）。

（二）以暴力犯罪程度为因变量的回归分析

显著相关的自变量包括父母家庭收入、个人收入及与父母相处等。回归分析显示，有效预测因子共2个。地位认同方面，个人经济状况（β=−.273, p<.01）；情感认同方面，与父母相处（β=.221, p<.05）。

表 7-3-1　农民工身份群体各变量与违法自我报告及暴力犯罪程度的回归分析

预测变量	违法犯罪自我报告				暴力犯罪程度			
	农民工一代		新生代农民工		农民工一代		新生代农民工	
	b (SE)	Beta	b (SE)	Beta	b (SE)	Beta	b (SE)	Beta
地位认同								
务工时间	−.016	−.047	−.005	−.010				
	(.018)		(.030)					
个人收入	.024	.016	.083	.049			−1.710**	−.273
	(.096)		(.111)				(.631)	

预测变量	违法犯罪自我报告				暴力犯罪程度			
	农民工一代		新生代农民工		农民工一代		新生代农民工	
	b（SE）	Beta	b（SE）	Beta	b（SE）	Beta	b（SE）	Beta
父母收入	−.067	−.046	.183*	.120			−.393	−.065
	(.056)		(.082)				(.621)	
雇主歧视	−.037	−.030	.049	.028				
	(.066)		(.130)					
对警察态度	.089*	.130	−.006	−.007				
	(.040)		(.061)					
道义认同								
邻里关系	.020	.039	−.011	−.016				
	(.031)		(.046)					
价值导向	−.118***	−.280	−.081*	−.172				
	(.025)		(.032)					
情绪	−.057	−.086	−.111	−.126				
	(.040)		(.059)					
情感认同								
与父母相处	.037	.048	.036	.039			.806*	.221
	(.045)		(.059)				(.355)	
父母监管	−.070	−.074	−.068	−.060				
	(.053)		(.070)					
朋友亲密度	.000	.000	−.038	−.055				
	(.031)		(.043)					
朋友犯罪	.0341***	.332	.527***	.475				
	(.060)		(.073)					
被朋友侵害	.170*	.143	.096	.056				

续表

预测变量	违法犯罪自我报告				暴力犯罪程度			
	农民工一代		新生代农民工		农民工一代		新生代农民工	
	b (SE)	Beta	b (SE)	Beta	b (SE)	Beta	b (SE)	Beta
非制度性歧视	(.069)		(.113)					
	−.290*	−.145	−.187	−.071				
	(.117)		(.164)					
	F=18.802***		F=12.086***				F=6.834***	
	N=467		N=267				N=133	
	R²=.419		R²=.343				R²=.0176	

注：n.s.= 无显著性，*p<.05，**p<.01，***p<.001（two-tailed）

第四节　本章小结

一、整体回归模型分析

以违法犯罪自我报告作为因变量，将所有样本作为整体的回归分析表明，在地位认同维度，教育程度、对警察态度等2项变量的回归系数呈显著性意义；在道义认同方面，邻里关系、价值导向、情绪以及被害自我报告等4项变量的回归系数呈显著意义；在情感认同方面，与父母相处、父母监管、朋友犯罪、非制度性歧视等4项变量的回归系数呈显著意义，其中，价值导向、朋友犯罪等2项变量对违法自我报告影响的贡献度较大。根据理论假设中三个维度的认同，三种认同的自变量对整体的违法犯罪均具有一定的影响。其中道义认同与情感认同对违法自我报告的影响尤其显著。家庭情感认同的缺失，会导致寻求朋友圈的情感认同，朋友圈的违法犯罪会对各身份群体的违法犯罪产生较大影响。各身份群体对违法行为的价值导向，直接影响着其违法犯罪行为的实施。此外，非制度性歧视对各群体的违法犯罪也会产生较大的影响。

将年龄因素作为协变量，对暴力犯罪程度单维方差分析发现，各身份群体的差异不显著。回归分析显示，只有情绪因素对暴力程度的回归系数呈显著性，说明暴力程度与个体层面的性格特质关系密切。同样的生活境遇，同样的身份歧视，为什么有些人在行为上表现暴力程度比较强烈，可能与社会环境、社会交往关系不紧密，而与个体的特质密切相关。上述分析表明，对一般性违法犯罪而言，影响因素较为复杂多样，而对暴力犯罪程度而言，个体特质的影响要大于社会家庭环境因素的影响。

综合回归分析的结论，理论假设中的三个维度变量，基本能够解释样本整体的违法犯罪自我报告。相比而言，价值导向、朋友犯罪等指标对违法犯罪的影响度较大。非制度性歧视对于违法犯罪有一定的影响，但对暴力的恶性程度的影响不显著。

二、不同群体的回归模型分析

以违法犯罪自我报告为因变量，对各身份群体分别进行回归分析发现，城市人群体中的朋友犯罪情况和情绪因素影响显著；城镇人群体中的受教育状况和朋友犯罪情况影响显著；城市中的城镇人群体中的对警察态度、被害自我报告、朋友犯罪等因素均有显著意义；对本地农民工群体，对警察态度、被害自我报告、朋友犯罪情况等均影响显著；针对外出农民工一代，在朋友犯罪、价值导向、受朋友侵害、被害自我报告、情绪等均影响显著；对新生代农民工，价值导向、情绪以及朋友犯罪等指标影响显著；对农民群体而言，朋友违法犯罪和价值导向与违法犯罪影响显著。综合比较发现，朋友犯罪情况是对各群体的违法犯罪影响因子中普遍适用的自变量，可见朋友交往的选择显著影响各身份群体的违法犯罪行为，符合学习理论的观点，即违法犯罪行为互相习得，相互传染。相比其他群体，农民工违法犯罪更易受个体特质如价值导向和情绪等因素的影响。此外，相比其他群体，违法的价值导向对农民工及农民身份群体的影响较大。

三、外出农民工群体代际回归分析

将雇主歧视等变量纳入分析范围，对外出农民工群体进行回归分析发现：以违法犯罪为因变量的回归分析显示，农民工一代在地位认同方面，对警察态度影响显著；在道义认同方面，价值导向影响显著；在情感认同方面，朋友犯罪情况、受朋友侵害情况、非制度性歧视影响显著。对新生代农民工的回归分析发现，地位认同方面的父母家庭收入、道义认同方面的价值导向以及情感认同方面的朋友犯罪情况 3 个变量影响显著。

以暴力犯罪程度为因变量进行回归分析显示：对新生代农民工，个人收入以及与父母相处等 2 个变量有显著影响。外出农民工一代由于不存在具有相关性的线性变量，无法建立回归模型。

第八章　结论与探讨

第一节　结论与发现

一、新生代农民工违法犯罪及暴力的主要特征

（一）外出农民工群体成为最主要的犯罪群体

描述性统计发现，在四所监狱抽取的 1777 个有效样本中，外出农民工一代占 35.1%，新生代农民工占 23.7%，本地农民工占 6.1%。总体来看，外出农民工群体占总体样本的 58.8%，外出农民工群体成为调查样本中占比最高的犯罪群体。从代际差异看，外出农民工一代仍是主要的犯罪群体，其次是新生代农民工。虽然在调查的样本中，农民工群体是最大的犯罪群体，但并不能由此推断农民工群体的犯罪率是最高的。我们不能戴着有色眼镜来看待农民工群体违法犯罪问题，新生代农民工中的违法犯罪人员只占全部登记人数的 2.0%—2.5%（林君、刘婷，2013）。

文献表明，美国移民犯罪状况与我国农民工犯罪有所不同。美国在犯罪率和暴力方面，移民与本地人一样，甚至更低。2000 年美国司法研究所评论认为："近一个世纪以来，对移民与犯罪的研究发现，移民总是比

本地人实施更少的犯罪。"(Kubrin and Ishizawa, 2012)。从 20 世纪 90 年代以来的犯罪率下降来看,部分原因是移民的增加 (Dipietro and Mcgloin, 2012)。美国 1980 年至 2000 年美国移民与犯罪的研究证明,城市内移民的改变与城市内暴力犯罪的改变呈显著的负相关关系 (Ousey and Kubrin, 2009)。非法移民应该为高犯罪率负责的错误观点深深地植根于美国人的公众观点中,并持续通过媒体的轶事广为流传 (Ousey and Kubrin, 2009)。传统观点认为:移民因父母监管缺失、文化冲突以及个体机制滋生犯罪和暴力。移民身份本身与犯罪行为并不存在什么关系,但由于移民通常居住在较差的环境中,移民子女有更多的机会违法或被害。对第二代移民而言,文化冲突以及社会底层行为规范更容易导致违法行为。社会解组理论被认为是对移民违法犯罪有力的解释,流动性是造成移民犯罪的主要原因 (MacDonald and Saunders, 2012)。

而德国移民犯罪情况则与我国农民工犯罪情况颇有相似之处。某项研究证明,在过去的 12 个月中,德国本地人只报告 3 种违法行为,第一代移民却报告了平均 5 种违法行为,而德国裔移民与第二代移民平均报告了 4 种违法行为 (Silbereisen, 2008)。非德国裔的男女青少年成为有暴力行为青少年的同伙的可能性要远远高于德国青年 (Baier and Pfeiffer, 2008)。

(二) 新生代农民工的违法犯罪率及暴力犯罪率要高于其他群体

如果不考虑年龄因素的影响,新生代农民工与其他群体(如城市人)在违法犯罪率上存在着显著性差异。从代际差异看,新生代农民工要比外出农民工一代具有更高的违法犯罪率,且差异显著。如果考虑年龄的因素,发现各身份群体的违法犯罪率差异性并不显著。说明年龄因素是影响违法犯罪率的主要因素,而年龄也是外出农民工代际差异的主要因素。一个牢固确立的犯罪发现与年龄相关,犯罪率最高的是青少年和青年 (Hirschi and Gottfredson, 1983)。年轻的农民工逐渐取代年老农民工是代际更替的必然，并不是"新"事件，而且由于所处生命周期不同，不同年龄段的人群经历的社会背景和发生的生命事件也不同，由此所产生的代际差异也是必然的（段成荣、马学阳，2011）。此外，本研究还发现，农民和农民工群体的暴力犯罪率也要高于其他群体。从代际差异看，新生代农民工的暴力犯罪率最高。但从暴力犯罪的程度上讲，各群体之间的差异性并不显著，新生代农民工在暴力犯罪程度并不比其他身份群体要高。

国内相关实证研究也得出相似的结论：新生代农民工违法犯罪人员远高于第一代农民工，成为农民工违法犯罪的新主体。新生代农民工与第一代农民工相比，违法比例在减少，犯罪比例在增加，第一代农民工则是轻微违法犯罪居多（林君、刘婷，2013）。

关于国外移民犯罪的代际差异，在芝加哥的研究中发现，个人水平的移民和犯罪的关系出现跨代减弱。第一代移民犯罪比本地人要低，第二代与第一代相似，到了第三代则要比本地人的犯罪率高。这种代际差异的原因是第三代移民融入美国社会，实现文化自适应后，导致犯罪率的上升，即一部分移民的"美国化"过程会导致犯罪和监禁的增加。在对美国西班牙裔的调查中，发现了相似的结论（MacDonald and Saunders，2012）。此外，在不同群的移民中也存在着差异性。比如亚裔美国人相对而言志存高远（MacDonald and Saunders，2012）。移民子女在追求美国梦的过程中，会产生更多的犯罪，即移民融入美国社会导致更多的违法和犯罪。在德国，移民青年趋于受到排斥，相比德国本地的青少年，出生在其他国家的移民青少年的违法现象更普遍一些。这些现象也出现在第二代、第三代移民中。移民家庭如果与本地人青少年同样具有相对较差的家庭经济状况，其违法行为的发生率是相近的（Silbereisen，2008）。

（三）新生代农民工的累犯率与其他群体相比并无差异

新生代农民工与其他群体相比，在累犯率上并不存在明显的差异性。

由此看来，导致累犯的原因，与身份无关。这与国内相关的研究有所不同。国内相关研究发现，有违法犯罪前科的农民工重新作案的概率是非常高的。新生代农民工犯罪时间间隔越大，重新犯罪的概率越低，且重新犯罪的高峰是间隔犯罪后 1 年内（林君、刘婷，2013）。"新生代农民工"罪犯初到打工地点的第一年犯罪率最高，并随时间的推移而呈逐渐降低趋势（林彭、余飞等，2008）。

（四）外出农民工主要线性变量的代际差异性

各身份群体之间在受教育程度、父母经济状况、与父母相处、朋友亲密度、邻里关系、歧视、自我被害以及价值导向等线性变量具有显著性差异。从受教育程度的身份比较发现，在所有的群体中，农民和农民工的受教育程度相比城市、城镇人普遍偏低，农民的受教育程度最低。从外出农民工的代际差异看，新生代农民工受教育程度要高于农民工一代。这与国内其他的研究发现基本一致。有研究认为，新生代农民工的受教育年限有显著提高。2010 年新生代农民工的平均受教育年限达到 9.8 年，而同期中生代和老一代分别只有 8.4 年和 7.6 年（段成荣、马学阳，2011）。从父母的家庭经济状况分析，农民工一代的经济条件最差，但新生代农民工父母的经济状况明显要高于农民工一代。在与父母相处方面，新生代农民工与父母相处程度较差，但与农民工一代不存在显著的代际差异性。在父母监管方面，新生代农民工与其他群体并不存在明显的差异性。在与朋友交往方面，农民在朋友交往方面最弱，城市人在朋友交往方面更广泛。从代际差异上看，新生代农民工要比农民工一代在朋友交往上更广泛和紧密。在邻里关系方面，外出农民工群体与邻里相处的关系较差。从代际差异看，新生代农民工的邻里关系要好于外出农民工一代。在非制度性歧视方面，农民和外出农民工群体感知的歧视最为强烈。代际比较发现，农民工一代所感受的非制度性歧视比新生代农民工更强烈一些。农民和农民工的自我被害报告都比较高。可见，农民工既是较高的犯罪群体，同时又是高被害群体。在价值导向方面，相比其他身份群体，农民和农民工一代在做事和处世方面，表现得更为自私、冲动且不计后果。

此外，从各身份群体影响因素的差异性看，父母监管、朋友犯罪、受朋友侵害、对警察的态度、情绪等变量，并不存在明显的身份差异。换言之，这些变量适于所有身份群体。如果这些变量与其违法犯罪、或者暴力犯罪具有相关性，这些变量就具有普适性。这一发现，为我们在后续的研究中建立整体违法犯罪的回归模型提供了依据。

（五）外出农民工非线性变量的差异性

不同身份间婚姻状况呈差异性显著，外出农民工群体的未婚最高。代际差异分析，新生代农民工的未婚率远高于外出农民工一代，这与年龄有密不可分的关系。是否有孩子，不同身份之间的差异显著。因新生代农民工的未婚率最高，所以相应该群体没有孩子的比率也最高，远高于农民工一代。宗教信仰方面，不同身份间宗教信仰差异显著，外出农民工群体不信教的比率最高。从代际差异看，新生代农民工不信教的比率略高于农民工一代。居住地方面，各身份间差异显著。城市人和城镇人的居住环境普遍要好于农民工群体。代际差异分析，从居住在居民小区和临时工棚两项指标看，新生代农民工的居住条件要好于农民工一代。务工动机方面，各身份间的差异显著。以赚钱为动机的，农民工一代明显要高于新生代农民工；以事业为动机的，新生代农民工明显要高于农民工一代。新生代农民工进城打工的动机，开始由赚钱向创业转变。入户意愿方面，农民工群体对落户城市的意愿并不高。相关研究也认为,75%的农民工不想"农转非"，这么高比例的农民工不想获得非农业户口，这和我们的惯常看法并不一致（段成荣、马学阳,2011）。虽然人们对城乡二元结构的户籍制度多有诟病，但农民工在家乡有土地，农民不愿意放弃。

（六）外出农民工违法犯罪影响因素的代际差异

以违法犯罪自我报告为因变量的相关性分析发现，外出农民工一代的父母家庭经济状况与其违法犯罪显著相关，但对新生代农民工而言，该因素相关性并不显著。新生代农民工的家庭经济状况要普遍好于外出农民工一代，父母为子女积累了一定的经济基础和社会资本。所以，父母家庭经济状况对新生代农民工违法或犯罪影响不大。新生代农民工由于非制度性歧视会导致更多的违法或犯罪，而针对农民工一代而言，虽然感受到身份歧视，但并没有强烈到刺激他们实施更多的违法犯罪行为，说明外出农民工一代对身份歧视更有忍耐度。外出农民工一代的父母家庭破碎、父母不良行为、自己子女状况，会对其违法犯罪产生一定的影响；而对新生代农民工而言，上述变量的影响不存在，而是朋友家人被捕等情况对其违法犯罪产生影响。相比父辈，新生代农民工表现得更为独立，朋友交往对其行为影响较大。

以暴力行为为因变量的相关性分析发现，外出农民工一代受到朋友欺负，更易引发暴力行为。对新生代农民工而言，父母的家庭状况以及父母管教好坏，更易影响其暴力行为。此外，父母家庭状况以及与父母相处情况，对新生代农民工的暴力犯罪程度会产生一定的影响。从代际差异来看，外出农民工一代的累犯率与诸多因素有关，而对新生代农民工，主要是朋友犯罪情况自变量与其累犯之间存在着相关性。

（七）外出农民工具有留守儿童经历与暴力犯罪无相关性

具有留守儿童经历的农民工要比没有留守儿童经历的农民工，报告更多的违法犯罪行为。但是，有无留守儿童经历的农民工在暴力犯罪率方面，未出现显著性差异。在暴力犯罪程度方面，有无留守儿童经历呈现显著差异。有留守儿童经历的农民工，反而是暴力犯罪程度越低。

二、对社会分化理论假设的验证

（一）相关性分析

本研究从社会分化理论假设的三个维度，即地位认同、道义认同及情感认同等自变量对不同身份群体的违法犯罪自我报告、暴力犯罪率、暴力犯罪程度以及累犯等因变量之间的相关性进行了分析。在度量上，绝大多数指标是针对所有身份群体的，但有些指标的度量，仅仅是针对外出农民工身份群体。该度量的设计，一方面是揭示影响违法犯罪以及暴力的共同自变量，以揭示违法犯罪或暴力的发生，是否与身份有密切的相关性；另一方面，通过对外出农民工身份群体的度量，以发现外出农民工违法犯罪或暴力的因素是否存在着代际差异性。

1.地位认同

从地位认同与违法犯罪自我报告的相关性分析看，各身份群体的教育程度、婚姻状况、拥有子女、个人经济状况等方面均有显著性负相关性。总体上讲，教育程度越高，婚姻家庭结构以及个人经济状况越好，其违法犯罪自我报告率越低。这与国内外的相关发现吻合。农民工等流动人口自身素质不足与保障机制欠缺是该群体犯罪的直接原因（康均心、杨新红，2010）。但当贫困地区的人群流向大城市后，一下子接触到城市中的高收入、高消费、高福利，他们的相对丧失感是很强的。工业化社会的城市环境使许多人看到自己的生活水平低于其他城市居民而感到被剥夺，而人们企图用非法的手段使他们所感受的剥夺得到补偿（路易丝·谢利，2002）。国外移民研究中也发现家庭结构改变与暴力犯罪改变紧密相连的证据。以下的访谈记录，反映了新生代农民工对缺少教育，个人收入偏低所导致的地位认同缺失。

个案**3**：

某男，25岁，抢劫杀人，河南人。因农民工收入低，一些黑工厂真的要取消掉。如果为了发展经济，招商引资，老板使劲地压榨工资，也不是一个合理的办法。

个案**12**：

某男，30岁，抢劫，浙江衢州人。犯罪可能很大一部分原因在于文化，如果能够多读一些书的话，我也不至于这样。我在这里也看了很多书，越看越觉得读书真的很重要，不仅仅在学识方面，还会影响人的各个方面。嗯，所以这里的一些文化教育还是有很大帮助的。

个案**14**：

某男，28岁，贩毒，云南楚雄人。这几年在监狱，慢慢反思以后觉得自己走上这条路还是由于知识的缺乏。真的，教育程度低在社会上找不到自己的立足点（教育在地位认同中起到了重要作用）。

个案**15**：

某男，某公安派出所副所长。农民工犯罪，我说这是教育的严重失败。我说法律要从小学生就要灌输进去，让他知道什么是犯罪，但我们在教育中没有做到。我感觉源头不做，后面怎么做都没用……外地人也知道在本地生存很难，被看不起，拿的工资低，活做的是最脏的。打扫卫生的都是外地人，本地人一个都没有。最脏最累掏粪的都是外地人，这个明显是他们地位低。学校教育方面，外地人不可能享受本地的资源。外地人读的就是民工子弟学校。我去过民工子弟学校，因为本来我辖区里有一个民工子弟学校，我也比较关心。

虽然新生代农民工整体受教育程度有了明显的提高，但是大多数农民工仍旧只能凭借年龄的优势从事体力劳动，就业层次较低（刘娜、钱波等，2012）。国际上移民犯罪率增高与低教育程度的人口、边缘的劳动市场的技能以及糟糕的就业前景有关。美国近期的移民比早期的移民和当地人拥有更少的技能（Portes，2012）。

本研究还发现，对农民工群体而言，进城务工时间越短暂，其违法犯罪率风险更大，违法犯罪的报告率更高。农民工刚进城时，工作生活不够稳定，犯罪率就更高一些。在访谈中，我们发现被采访新生代农民工罪犯普遍外出打工的时间很早，与第一代农民工相比，他们外出谋生更早，一般在十四五岁，初中还未毕业就外出打工。新生代农民工过早外出打工，他们的心智还不够成熟，生活经验相对不足，也造成了他们的生活总是漂泊不定，工作相当不稳定。

个案3：

某男，25岁，抢劫杀人，河南人。我老是跳槽再纠结、跳槽再纠结。我到湖州打工之后，父母也来湖州这边打工来了。然后，我又跑了一些其他地方，也是一些类似于打工，如苏州啊，北京那边，最后还是回到湖州，因为还不如意吧。打工最长的一个单位，我估计也就十个月的样子吧。总是跳啊跳，跳啊跳，也没有一个稳定的工作，也没有一个稳定的心态。

个案7：

某男，24岁，故意伤害，江西上饶人。那时我十四岁，小学毕业就来杭州。那时候瞎混，接触的都是社会上的人，也干了很多坏事。刚开始因为玩游戏就没有打工，跟那些人混，也干了些坏事。后来给我定了个抢劫罪，判了一年。2009年出狱以后，就也没犯过事情了，也跟他们没了联系。之后，就开始打工，自己也做过小生意。这一次就是因为我母亲的事情。我相信我也不可能再回到监狱里来了。

个案**9**：

某女，20岁，贩毒，四川内江人。我十一岁就一个人在外面了……没有父母带，就一个人混……在我们那边也很正常的，我没有读过什么书。

个案**12**：

某男，30岁，抢劫，浙江衢州人。做学徒这几年主要学了一些什么呢？修车也有，做木匠也有，装门窗，做冰箱都有的。那时候心思也不在打工上，所以什么都做不长久。

个案**15**：

某男，某公安派出所副所长。目前来说，农民工都是二三十岁的小伙子，待遇低一点的他不想去，大部分都是喜欢犯罪的，就是工作飘忽不定。苦的工作不想去干，特别是从这两年来看，对几个犯罪的（农民工），不管你怎么处理、怎么教育，他还是老样子。好像他就是干这个行当的（犯罪）。这些人没有多大文化，初中毕业就出来了。工作也不好找，整天就是闲着的。闲着就去网吧上上网，朋友那边聚聚。本地人有时候看不起他们，他们喜欢连片（聚集），一个人吵架会多个人出现……其实本地人也怕他们。为什么怕他们呢？用我们这里话讲就是"煤气灶往肩上背的人"。这意思你听懂了啊，嘿嘿。因为你本地人是固定的，他们都是临时的。说难听点，穿布鞋的不怕穿皮鞋的，就是这个道理嘛。他啥东西都没的嘛，80后的农民工比较多一些。

　　除了个体层面的歧视以外，农民工还经历一种"制度性歧视"的现象。歧视性政策是当地政府发布的限制雇佣农民工的规定。歧视对农民工心理健康的影响力，要远超过人口学因素、社会经济因素以及心理变量因素所产生的影响。该研究支持西方的污名化以及社会压力理论，歧视势必导致污名化（Ming and Guixin，2009）。本研究发现，在劳动保障、雇主歧视等制度性歧视方面，农民工在代际上并没有发现显著的差异性。虽然外出农民工在违法犯罪自我报告上存在着显著的代际差异，但这一差异并非由于制度性歧视造成。此外，我们在调查和访谈中，似乎也没有感受到新生代农民工受到较为强烈的社会歧视和不公待遇。关于制度性歧视与犯罪的关系问题，有学者认为，制度性歧视是流动人口犯罪的潜在诱因。低等公民的处境与部分城市居民莫名的优越感和排斥行为，导致两大群体间的隔阂和对立。这种隔阂、对立的情绪极易导致冲突型犯罪的发生（康均心、杨新红，2010）。有学者通过研究检验了一般紧张理论认为，歧视在某些方面与暴力行为相关（Pérez, Jennings et al.，2008）。本研究发现，对制度性歧视在外出农民工身上的代际差异不明显，制度性歧视不是造成农民工违法犯罪或者暴力犯罪差异的因素之一。就犯罪预防而言，在地位认同这一维度上，我们得到的启示是，应关注各群体的社会经济状况，对外出农民工要帮助他们如何尽快地将工作和生活在城市中稳定下来。制定和实施这些政策措施，有利于预防外出农民工群体的违法犯罪。

个案**2**：

　　某男，27岁，抢劫，贵州遵义人。……像我们这个家庭的人，想在城里立足下来，是很难很难的。靠自己的双手是真的很难的，除非……也没那种运气，想都不敢想的那种，别人有那种运气，我们不一定有。像你说的，我有一种自卑感，但也不是说仇富的那种心理，就是感觉我没必要跟他们（本地人）交流，也没必要在别人的眼里，去巴结谁或者拍谁的马屁。我更愿意和同阶层的人交流，交流起来更有共同语言。在温州，如果要立足下来，买房子，或者创业，做温州人，很难实现，真的很难实现。毕竟，我文化有限。还有，自己的家庭条件，家庭环境，自己心里面也有数……觉得还是很难实现的。

个案 **7**：

某男，24岁，故意伤害，江西上饶人。我反正是挺乐观的，我开开心心的，自己也好受一点。我从来没这个想法说这个社会不公平，也就是觉得自己没能力。

个案 **12**：

某男，30岁，抢劫，浙江衢州人。我觉得社会对人都一样，靠能力拿工资嘛，靠本事生活嘛……

个案 **15**：

某男，某公安派出所副所长。执法方面，从现实上来讲，肯定会存在一些问题的。因为本地的（嫌疑人）进来之后，多多少少人情会托进来。中国这个社会人情是少不了的。那么从问（讯问犯罪嫌疑人）的口气各方面来说，肯定也有点不太一样。外地人口肯定都是弱势群体，总的来说多多少少有一点差异。

此外，从以暴力犯罪，或者暴力犯罪程度为因变量的相关性分析看，各身份群体在受教育程度、个人经济收入方面与暴力犯罪率之间具有负相关性。个人收入还与暴力程度存在着显著关系。德国的移民犯罪研究表明，德国移民青少年的违法行为与父母的经济地位相关性并不显著，但教育程度较高，能够减少观看暴力影视以及降低接受暴力规范的程度。相比而言，父母暴力成为影响青少年违法行为的第三个因素。青少年热衷于暴力媒体更容易产生违法行为。提高教育程度，可以有效地降低青少年的违法风险（Baier and Pfeiffer，2008）。

无宗教信仰的，其暴力犯罪率要明显高于有宗教信仰的。宗教信仰对暴力犯罪起到抑制作用。各群体的居住地选择上与暴力犯罪率存在着相关性。集中在单位住宿的群体，其暴力犯罪率明显高于居住在其他区域的群体。集中在单位居住的，往往是新来的单身农民工群体。对农民工群体而言，进城务工的时间与暴力犯罪率存在着负相关性，这一结论与其违法犯罪自我报告的相关性是一致的。有学者在对天津的调查中发现，农民工第一次犯罪的时间与进城时间长短成反比，进城时间越短则犯罪比例越高。农民工进城的次数越多，其犯罪发生的可能性就越低。这是一个非常复杂的问题，但总体上还是农民工对城市生活的适应与融入问题（张宝义，2006）。关于对警察的看法，对警察执法中表现的歧视或不公感受越强烈，则其违法犯罪报告率、暴力犯罪以及累犯率程度也越高。

归纳起来，从地位认同维度分析，教育、家庭以及收入状况等直接影响违法犯罪的发生，这一模型适合于所有的身份群体。个人收入状况会对暴力犯罪产生一定的影响。同时，农民工进城务工时间越短，发生暴力犯罪的风险也越高。针对所有群体而言，有宗教信仰在某种程度上会消减其暴力犯罪的风险。所以，提高各群体的素质和社会经济状况，有利于他们实现社会融合而降低犯罪率。针对农民工群体的暴力犯罪干预，尤其要关注初到城市打工的群体，特别是针对暂时居住在单位宿舍的农民工，提高暴力犯罪的排查以及风险干预。

2. 道义认同

在道义认同维度，我们发现农民工进城务工动机的不同与其违法犯罪率和累犯率均有相关性。动机层次越高，则犯罪率和累犯率也越高。分析原因，可能是农民工期望与现实之间矛盾所导致的"紧张"，引发更多的违法和犯罪。美国移民中的大多数成员，都拥有极强的上进心。但是，移民认为通过合法手段来获得经济成功是暗淡的。根据机会结构理论，这种意识会导致紧张和挫折，这将导致代替经济的追求，比如犯罪（Portes，2012）。在对新生代农民工的访谈中，我们也发现了这种类似的动机和态度，他们在实施犯罪中想法单纯，绝大多数没有事先缜密的预谋。

个案**3**：

某男，25岁，抢劫杀人，河南人。我就是看不到希望，开始瞎做决定，价值观也扭曲了。再说，假如说一个农村的小伙子，年纪那么轻，又没见过什么大世面，自己也没什么经历，你根本不知道怎么样去实现你的理想或是实现你想要的一些东西啊。你就感觉很难。如果再有一个朋友跟你讲，这样赚钱可以来钱快，我觉得真的很难拒绝……自己也主要吃不起苦。总归是自己这个价值观扭曲了，总归还是没有挡住这种诱惑力，开始跟他去实施抢劫犯罪……但是人走到这一步，也不能怪别人，也只能怪自己，终究是自己价值观扭曲掉了。

个案**6**：

某男，26岁，抢夺，广西人。在抢夺过程中，没有想过要踩个点啊，策划策划，都是临时起意。

个案**14**：

某男，28岁，贩毒，云南楚雄人。自己不愿意学吧，那时候就身边很多朋友嘛，可能那时候我们刚好碰到打工潮，身边很多朋友都辍学，都想着到外面打工，自己也是想毕业就去打工，随大流，每天就和家里面吵，想着到外面打工，没什么心思上学，家里人肯定很烦你，那时候自己好像也是已经钻到牛角尖里去了。

　　（谈到农民工犯罪的代际差异性时），他们（农民工一代）犯罪就是目的性很强的，心比较硬，不会像我们80后90后，不会是因为某些原因才会走上这条路。他们走这条路的话，一系列后果他是知道的，但是他会狠下心去做这件事情，恶性的一面比较强烈一点。像我们80后90后的话，平时警官跟我们讲的话，我们能做好的都肯定去做好，能听的尽量听进去，但是他们不一样，他们心里面有自己的想法，有自己的小算盘，可能警官让我这样做，我会这样做，但是私底下也有自己的小算盘。

　　从农民工进城落户意愿看，他们选择落户的积极性并不高，而且代际之间也没有差异性。这与国内现有文献的研究结果基本一致。2007年武汉大学农民工课题组的调查表明，第二代农民工的市民化意愿比例高达78.5%，这充分说明了他们的市民化意愿在逐步增强，反映了他们强烈的留城愿望。第二代农民工对未来的打算与第一代农民工从农村到城市最后返乡的经历有很大的不同，第二代农民工中的大多数打算通过多种途径尽量留在务工地（刘传江、程建林，2008）。新生代开始减弱了对城乡户籍制度所赋予他们的农民身份的认可，开始趋向于看重社会对他们的农民身份的认定。调查结果表明，被调查的新生代农村流动人口中只有47.3%的人想改变农民身份，而有51.9%的人表示不想改变现有的农民身份（王春光，2001）。农民工落户意愿的选择，对其违法犯罪以及暴力等不产生直接的影响。此外，农民工在城市的交流语言、朋友圈等也不存在代际差异，说明这些因素并不对农民工群体进行违法犯罪或实施暴力犯罪产生影响。

　　整体而言，邻里关系、价值导向、情绪与违法犯罪自我报告和累犯率之间存在着显著相关性。价值导向越负面，个人情绪越消极，则违法犯罪率和累犯率越高。说明个人的价值导向和情绪，直接影响着违法犯罪和重新犯罪。德国的移民研究中认为，非德国移民青少年，表现出更高的家庭暴力。将近 23.7% 的土耳其男孩的父母，认同所谓的暴力规范（Baier and Pfeiffe，2008）。可见，违法价值导向对各身份群体滋生违法犯罪行为均会产生较大的影响。

关于价值观与违法犯罪的讨论，约翰·韦里特克（John Winterdyk）[①] 认为，宗教对移民犯罪的影响其实并不大，但是，移民祖国的现状，文化背景对其在移入国的违法犯罪会带来较大的影响。换句话说，移民所在国存在着的问题，会对其行为带来深刻的影响。比如加拿大的印度移民，他们认为家庭暴力在印度文化中是合理的，但在加拿大却被认为是犯罪行为。越南移民认为，冲突可以通过暴力来解决，而在其他国家这也是违法犯罪行为。在北美国家，青少年帮派以种族或宗族来进行分类，可如今，随着第二代移民与本地人逐步融合，种族或宗教的界限就变得不是很明确。该学者还认为，移民犯罪还与不同国家的刑法条款有关。即在移出国未规定为犯罪的行为，在移入国却是犯罪行为。本人在监狱调查过程中，管教民警认为，对外地人的法制教育很重要。有些外地人在当地做了一些违法的事情，由于当地的公安机关执法不严或者存在着一些执法腐败，导致外地人误以为在移入地也可以实施相关的行为。相比内地的省份，江浙一带的执法相对规范一些，如此一来，流动人口的行为并未发生变化，但由于流入地的执法严格，导致犯罪率上升。这可以用来解释，外地人到经济发达地区导致犯罪率的上升。从以下访谈中，我们亦可发现某些端倪，如新生代农民工普遍存在的价值观扭曲，法律意识的淡漠，思维方式的单一等。此外，情绪、个性对犯罪行为也造成一定的影响。

---

① 摘自 2014 年加拿大皇加山大学约翰·韦里特克教授来杭州参加"国际移民犯罪与新生代农民工"国际研讨会时发表的相关观点。

个案 3：

某男，25岁，抢劫杀人，河南人。我觉得真得很辛苦，很辛苦，没有那种毅力和坚持，缺少那种东西。但是生活稳定了之后，也认识了一些社会上的朋友啊。有了女朋友后，经常想以后怎么生活啊，如果有小孩子怎么办？价值观、人生观稍微扭曲了，女朋友就说要么就去抢劫啊。也不知道是哪方面的原因，我总认为如果是盗窃的话，肯定不愿意去的，但如果抢劫，没有那种感觉。价值观扭曲，法律一点儿都不懂，最后走上这种歧途了。

个案 9：

某女，20岁，贩毒，四川内江人。我知道这个东西是毒品，但是我不知道我这样做会构成贩卖毒品。因为我想的只是说东西在我这儿，然后我就把它给别人了而已，我又没有获得什么。

个案 12：

某男，30岁，抢劫，浙江衢州人。没钱他就想到了抢钱，我当时第一个念头就是答应了。当天就买工具踩点了，第二天晚上我就反悔了。我曾经因为抢劫被拘留过一次了，当时未成年。但是，我朋友说现在才反悔就是胆小。我当时年轻，受不了这样的刺激，况且想到自己之前一直花他的钱也觉得很不好意思，所以我就跟他一起去（抢劫）了。

个案 13：

某男，19岁，盗窃，河南人。现在还好，脾气都磨下去了，以前脾气很暴躁。自己接触的也都是90后的人，我们都不会去克制自己的情绪，总觉得自己可以解决各种事情吧。

个案 **14**：

　　某男，28岁，贩毒，云南楚雄人。哎，当时毒品比较泛滥的，自己受到这方面影响，看到别人贩毒，有的人挣了一部分钱，在你面前炫耀一下，那你说你有点嫉妒心理，很正常的，感觉自己那时候急功近利的心思比较强，就想着自己也去争取一下，发展一下，不要掉在别人后面。那时候，第二次进来的话，可能还是和第一次关系比较大的，那时候感觉可能是教训不够深刻，觉得才判了两年，两年嘛，反正那时候自己年纪还轻，无所谓。那时候就觉得出去以后，一定要把这两年付出的、失去的再找回来。当时心里面就很急功近利，因为从来没想过自己出去以后，要通过一种比较正当的工作去挣钱，还是想着去走点什么歪门邪道。因为第一次被抓进去的话，你说赚钱，那肯定基本上没挣到什么钱，因为一共做了一个多月就被抓进去了。心里感觉很不平衡，觉得别人做就能挣钱，自己做没想到才做了这么短的时间就被抓进去，心里面思想就不对。

　　本研究还发现，邻里关系处理得越融洽，其违法犯罪和累犯性更低。农民工除了"同乡"关系占据了重要位置外，"同事"与"邻里"之间的社会关系也占了较大的比例，该部分的矛盾关系，才是真正意义上反映农民工与城市居民的矛盾，这种矛盾表现在农民工与城市居民的业缘与地缘方面的矛盾性。那种认为农民工犯罪主要是由农民工与当地城市居民非融合性矛盾所致是一种片面的观点，而农民工之间在城市环境下社会关系的变异与冲突，是农民工犯罪的重要原因（张宝义，2006）。新生代农民工当然也延续着第一代农民工的这样一种行为方式，以聚群的生活方式为主，重视内群体交往，缺少群际交往。相比他们与当地人交往情况，他们更少地参加当地社区的集体活动（王春光，2001）。在访谈中，我们也发现，新生代农民工的交往圈基本上以老乡、同学为主，很少与本地人有交往。新生代农民工普遍不善于与人相处，不愿意或觉得没有必要与本地人交往，从而陷入那种"机制性分隔"的封闭社会之中，更难于实现社会的融入和认同。此外，有些新生代农民工还刻意回避与同村人交往，逃避非正式的社会控制带来的外界约束。在犯罪预防上，政府和相关组织要重视各身份群体的价值观引导和心理健康问题，同时要营造良好的社区生活环境，引导他们善于处理邻里的关系，帮助外来务工人员尽快地实现社会融入，达到预防犯罪的目的。

个案2：

某男，27岁，抢劫，贵州遵义人。我那个时候跟我同学关系是很好的。像什么亲戚啊，老乡这些，我本来性格内向，也不太喜欢跟这些老乡掏心挖肺的交流，就没有跟他们在一起。我几乎都是自己单独一个人住在另外一个地方，我不太喜欢跟那些老乡住在一起……我从小就有一种感觉，身边的人遇见我，从小我爸妈就没怎么在我身边，兄弟姐妹四个人在家里面，然后周围的邻居，总有一种异样的眼光看我们，毕竟家里面太穷了。异样的眼光，我是这样感觉。但是不知道我的感觉是错误的还是正确的。后来，遇到老乡，大家看见了就打个招呼，没看见，心里面也没有这回事……自卑有点，可能也谈不上自卑。大多数时候，我是跟同学在一起……我不太喜欢和那种大家都知根知底的人在一起，也没有什么好处……

个案3：

某男，25岁，抢劫杀人，河南人。刚开始的时候，我就和一些打工的老乡在一起。平时交往的，外地的也有，本地的也有。感觉他们还蛮牛的，一开始还和他们交往，这样的交往感觉如果说以后谁欺负自己，自己会有一点保障，有这种目的。

个案 **5**：

某男，22岁，聚众斗殴，江苏人。周围的邻居，都不认识，所以说在家里面天天抱着电脑，抱着空调睡觉看电视。平时交往的基本都是老乡，都是农村来的，都是和我一块儿出来的人，和杭州当地的人交流都很少，他们讲话太快了，我们也听不懂。

个案 **6**：

某男，26岁，抢夺，广西人。平常交往，就是几个比较聊得来的，都是知己知彼的，他也知道我，我也知道他的。我们都是从小玩到大的，基本上都是老乡。

个案 **8**：

某男，24岁，故意伤害，河南人。平时交往的基本上都是我老乡。我们住的那个村基本上都是河南籍的，大概有300多人。

个案 **13**：

某男，19岁，盗窃，河南人。打工接触的人多是金华本地的人，但是朋友都是老家的。

个案 **15**：

某公安派出所副所长。农民工白天干活，晚上睡觉都来不及，你叫他参加什么活动，他还是不愿意来的。他觉得即使他们来了之后，和你们也打不到一块。现在，是外地人偷外地人现象比较普遍。外地人因为防范技术低，本地人的防范技术上升，所以说外地人好偷啊，一般偷电瓶车。我现在管辖的辖区已经安装了几百辆车子的报警器了，你很难偷走。我们这两天都在安装，免费给群众安装防盗报警器。

　　街道社区干部本身就很忙，根本没有时间给外地人搞个活动，我们现在是"大政府小社会"，上面要做事的人一大堆，底下干活的人就那么几个。理论上的东西到现实中根本不一样。街道社区干部对本地人都关心不上，还会关心外地人！外地人的日常管理呢？从规定的来讲，是有的，如临时党组织等，流动人口服务管理所等。

个案 **16**：

　　某公安派出所所长。80后的农民工，相对来说，你要说特别之处，如民工受欺负啊，这种感觉好像不是太强。比较笼统地讲，一个比较大的特点，就是现在这些年轻人自私多一点，讲义气的少，朋友之间斤斤计较。比方说，三五个小年轻住在一个房间里，寝室里少了一个手机啊，相互之间都是你怀疑我，我怀疑你。按道理啊，一个寝室相互之间应该成为很好的朋友啊，或者是比较团结的，但是好像不太有。好像独生子女到了这个社会上和人群居在一起，他也好像还是独生子女的状态，不太善于和别人相处，这种比较明显。就为一点点小事啊，哪怕在饭店里一起打工的两个厨师，也会为了一点小事情两个人拿菜刀砍。按道理在一个餐厅作为厨师的话，在我们的印象当中，大家在一起，应该首先成为朋友的，他们这种概念比较差。还有，民工自我约束能力比较差，自立精神比较少。比如在一个房子里生活，哪怕楼上有意见，他们声音仍然很响，楼下的人讲了他们也不听，你讲你的，我做我的，哪怕是警察去了，他们也"哦哦"这样应付一下。整体给我的感觉，农民工就是素养低下，其他暴力倒是不多。他们只考虑自己，不考虑别人。整个社会当中我最明显的感觉就是现在的年轻人自私心重，没有一种利他精神。另外，他们基本上不怎么参加活动，来参加的话，几乎是一帮人一圈一圈地来，不会是完全单独的。

　　有些优秀的民警与农民工沟通的多，如我们局的M民警，他负责的辖区不是在社区，是农民工集中的地方。我是比较欣赏他的一些做法的，如向农民工提供招工信息。在双休日，他的警务室条件比较好的，楼上比较大，就给农民工子女安排免费的英语、绘画培训。农民工很乐意将子女送过来，这样有了一个与农民工沟通和接触的机会。

整体上看，道义认同的相关变量与违法犯罪和累犯有显著相关，但与暴力犯罪及暴力犯罪的程度没有显著相关性。说明道义认同缺失，可能会导致更多的违法犯罪以及重新犯罪的，但道义认同缺失，并不必然地导致更多的暴力犯罪和增加暴力犯罪的恶性程度。

3. 情感认同

在情感认同上，家庭关系、家庭教育以及父母行为对其违法犯罪和暴力产生一定的影响。各群体与父母相处关系越融洽，则报告的违法犯罪越少，重新犯罪率也越低。在父母监管方面，父母监管越松，则报告的违法犯罪越高，重新犯罪率也越高。父母的教育和监管对子女的成长十分重要，父母监管也是子女情感认同的重要方面。缺乏父母监管，必定导致子女情感认同的缺失，从而会导致子女向外寻找情感寄托，一旦与不良青少年结交，很容易滋生违法犯罪，乃至暴力犯罪。同时，父母的不良行为与其子女的行为产生一定的影响。父母有酗酒行为的，其违法犯罪自我报告率要高；一旦实施暴力犯罪，则暴力犯罪程度要高。父母离婚，其违法犯罪的自我报告要高。此外，父母或家人曾经被逮捕的、亲戚及朋友有逮捕等经历的，其违法犯罪的自我报告要高。从访谈的情况分析，普遍存在着家庭破碎，父母监管缺乏，与父母很难相处，有留守儿童的经历，这些因素导致了新生代农民工情感认同的缺失。

个案**2**：

某男，27岁，抢劫，贵州遵义人。我那个时候七八岁，双亲都在外面打工。我从小在外婆家长大的，反正有什么事情都是他们过来。我家跟我外婆家很近的，每天我外婆都要过来看一下的。我的两个妹妹也都是在外婆家长大的。

个案**3**：

某男，25岁，抢劫杀人，河南人。像我初一就辍学嘛，应该是十四五岁的样子，如果我没记错的话。好像小的时候家庭父母不太和气，经常吵架、打架。我觉得我是那种属于比较内向，特别内向的，在家的时候特别叛逆的那种。

个案**5**：

某男，22岁，聚众斗殴，江苏人。我爸之前也坐过牢，坐牢之后，我父母都离家出走了，到了我成年之后，就是在我十七八岁的时候，我父母回来了。我是由我爸的一个亲弟弟，小叔带大的，有时候他们也不在的，很少在的。我基本上要么今天到这个姑姑家，明天到那个姑姑家……我爸坐了好几次牢，加起来大概有八九年的样子。我爸出来以后，他们接我的时候，就到杭州这里来，可是他们管不住我。因为之前这么长时间没有生活在一块儿，所以说就是和他们一点感情都没有。我妈，以前跟人家走了嘛，后来又回来了。回来之后，她跟我爸天天吵架，时不时地三天一小吵、五天一大吵。吵归吵，不过两个人……我妈脾气还是好一点的，对我也蛮好的，时间待久了，就是说我跟她还是有感情的。

个案**6**：

某男，26岁，抢夺，广西人。小时候，父母就离异了。离异了之后，我一直跟着奶奶长大的。以前也没出来打过工，就是在去年，

2013 年出来打工的。就是去年的时候，我奶奶不在了，我就出来打工了。在我 12 岁的时候，我去跟过我母亲，但是我觉得跟我后爸嘛，感情不好。然后我就在那边呆了几个月又跑回我自己老家了。跑回家里面，又跟奶奶一起过。我爸他也不顾我的生活，他自己顾他自己的生活。小时候，生活来源基本上就是我奶奶的退休金，还有我叔叔他们给我奶奶的生活费。我和奶奶一起生活，我基本上是奶奶供养的，一直到奶奶去世。其他时候，我基本上在外面，每天就是跟他们在那边鬼混，朋友一帮，这里过夜，那里过夜，所以就犯罪了……等于说我没有亲人，没有奶奶，最亲的奶奶已经去世了。我爸我妈，我跟他们也没有什么感情，回不回去也无所谓。

个案 7：

某男，24 岁，故意伤害，江西上饶人。父亲啊，也不在老家。他经常赌博，把家产输光了，小的时候父母就离婚了。母亲离婚以后也不管家了，后来母亲也赌博，我爷爷就过来照顾我。

个案 10：

某女，27 岁，抢劫，山东人。因为从我小时候爸爸妈妈关系不好，回家看他们打架啊，就看多了，可能从小就有那种阴影。

个案 12：

某男，30 岁，抢劫，浙江衢州人。我犯事与父母有很大的关系。他们根本没有教育我。我觉得我到今天这样的地步，最重要的就是两点，一个就是父母的失职，另外一个就是教育。要是我当时能够好好地上学，就会知道什么该做什么不该做嘛，也不会有做这种事情的念头了……父辈那一代什么都没有，什么都要靠劳动来得到，而现在时代不同了，有网吧什么的各种诱惑……说到底我还是认为这一切跟教育有关。

个案 **13**：

某男，19岁，盗窃，河南人。我父母在我两岁的时候就离异了，那时候我妹妹刚出生，我和妹妹都是在亲戚家里养的，到后来我才跟我父亲的。15岁，小学毕业就去打工了。

个案 **14**：

某男，28岁，贩毒，云南楚雄人。我和两个哥哥，可能沟通比较少，整个家庭氛围沟通比较少，我生活在比较沉闷的那种家庭。父亲的话，可能就像是五六十年代那一辈，就是说和子女沟通的比较少，沟通的特别少，自然而然地遗传到两个哥哥身上。

个案 **16**：

某公安派出所所长。新生代农民工主要是缺爱，所以从暴力倾向来讲，这种孩子普遍碰到一点问题，就用打架来解决。从我派出所接触的这些坏孩子来讲，普遍家庭都是有问题的。那么对比四五十岁这批老的农民工，现在这批孩子和以前打工的相比更难打交道，更难沟通。

国外移民研究则认为，移民和暴力犯罪是负相关的，暴力犯罪部分是由于离婚、单亲家庭造成的，反过来，和暴力犯罪率成正相关。移民通过增加双亲家庭和降低离婚率可能会增加家庭稳定性。由于美国化、非婚分娩正在移民中迅速成为普遍，移民家庭的稳定性和家庭结构也在发生变化（Ousey and Kubrin，2009）。美国移民家庭稳定，但随着美国社会的融入而降低，从而使移民中犯罪率低的优势，慢慢地消失。在这一点上，我国新生代农民工与美国移民的差异性很大。没有证据可以证明，目前我国新生代农民工的家庭稳定性很高。美国的移民研究认为移民与暴力没有关系，但如果移民是生活在离婚或者单亲家庭，那么与暴力犯罪有关。有些移民研究还认为，移民家庭是导致移民青年在较差的邻里环境中减少暴力行为的重要原因。但与此同时，即便在相似的较差的社会环境中，在移民中成长的子女与非移民家庭中子女存在很大的不同，这种差异性说明，移民是一个社会化的过程，并且移民的社会化不能作为移民个体犯罪和暴力的解释（MacDonald and Saunders，2012）。此外，移民的父母比非移民的父母存在着更多的压力而采取更多的强制性监护行为。如果压力真的与不良的管教行为有关，那么家庭经济困难或者父亲失业以及父母暴力之间存在着一些关系（Silbereisen，2008）。

社会分化理论认为，情感认同首先是得到家庭的温暖和关爱。如果在家庭中得不到情感上的认同，则转而到社会上得到朋友的情感认同。分析发现，各身份群体的朋友关系、朋友犯罪以及被朋友侵害等对违法犯罪甚至暴力产生明显的影响。与朋友相处得越好，则报告的违法犯罪越少。朋友犯罪率高，则会导致其实施更多违法犯罪以及暴力，重新犯罪率也上升。在受朋友侵害等被害调查中发现，经常性受朋友侵害，即被害率相对较高的群体，则违法犯罪率越低，重新犯罪率也相对低。遵循同伴的行为规范，可以提供一种较强的归属感。国外相关实证研究也发现，拥有不良同伴是预测违法和暴力的重要指标，其影响因子要远高于其他因子，甚至导致其他影响因子失效（Dipietro and Mcgloin，2012）。移民代际之间的冲突，在所有低聚集群体中，在所有的模型中，对违法行为均表现了显著的正相关性（Pérez，Jennings et al.，2008）。朋友交往、朋友犯罪与有违法劣迹的朋友交往风险，可以解释为什么移民青年与本地青年的违法、犯罪率要低这一观点。然而，当移民青年遇到这些风险时，移民青年要比本地青年更脆弱一些，这种可能性同样存在（Dipietro and Mcgloin，2012）。在德国的移民研究中，也有类似的发现。在同伴交往方面，俄罗斯青少年相比其他的群体，更会交友，更多地接触一些年长的同伴。而德国青少年，则相对比较封闭，大约83.8%的德国青少年只和同族进行交往。通过对同伴交往的文化价值观的度量发现，非德国的男女青少年，更容易产生违法行为（Baier and Pfeiffer，2008）。综上，国外关于移民朋友交往与犯罪的相关性与本研究中的发现基本一致。朋友交往和价值导向与犯罪和暴力的高度相关性，在我们对新生代农民工的访谈中也得到了印证。

个案2：

　　某男，27岁，抢劫，贵州遵义人。我以前是比较踏实的人，但说完全踏实也说不上，毕竟那时候从农村出来，也没有花花肠子之类的，会专门做那种不算正道的生意，也没有那种心思。但后来交的朋友多了，就走到这里。平时打一下麻将之类的，玩玩扑克之类的，不跟他们交往我就不会去赌钱，不去赌钱，也不会去抢劫。要说那个案子的话，也可以说是与朋友交往有关。有一个朋友，现在他是第一被告，就是他打电话给我的。因为，那个时候我欠他钱嘛，也跟他说过，有什么钱来快的路子，也跟大家说一下。要不然欠了那么多钱，我还不起的……真的，在那个时候，我真没感觉自己犯有多大的罪。没有感觉到这是犯罪，我判了八年。我觉得一个吸毒一个赌博这两个东西是不能碰的。

个案6：

　　某男，26岁，抢夺，广西人。我跟他同案，我们两个人比较有共鸣。他家庭情况，也跟我一样，他跟我住在同一个县城，就是隔壁一条街的，一个区的。他爸也是吸毒的，他爸也是还在戒毒所里面。

个案 **7**：

某男，24岁，故意伤害，江西上饶人。我刚开始打工时是有钱的，找到的工作包住，不用愁住哪里了。上上班，拿拿工资，一切正常。后面就玩上了游戏，就玩上头了嘛，就不想上班了。我整天就呆在网吧里，很快就认识了一群也喜欢玩游戏的人，从而就走上了犯罪道路。他们也是父母离异。跑出来也是没人管，跟我情况也差不多的。

个案 **14**：

某男，28岁，贩毒，云南楚雄人。其实，那时候我的叛逆心也比较重的，不怎么愿意被束缚在家里面吧，当时家里开这店，很重要一个原因就是想把我束缚在家里面。因为以前上学的时候，什么离家出走啊，都干过，和同学在外面打架斗殴啊，也都干过，比较叛逆。其实相对来说，我家庭教育不像很多罪犯那样家庭教育很差，我从小的家庭教育还过得去吧，我爷爷那时候是教师，在我们学校里面，教育这一块都比较注重。我主要还是刚开始踏入社会的时候，可能和社会接轨没接好，交友不慎。

本研究还发现，非制度性歧视对违法犯罪和累犯产生一定影响，受歧视程度越高，则违法犯罪率越高，重新犯罪率也相对高。如前所述，以农民工群体为例，制度性歧视并不存在代际的差异性，与其违法犯罪及暴力并无相关性，但非制度性歧视与违法犯罪及累犯具有相关性。这也是一个很有意思的发现。

　　王春光在调查中也发现，大多数人还是觉得当地人对他们不那么友好或者谈不上友好，其中有些人不愿发表确切的评价或者他们觉得难以作出总体评价，于是用"一般"来表态。这些说"一般"的人实际上并不认为当地人是友好的，与他们的关系还是比较疏远，接触不多，但也没有发生什么冲突，总之觉得自己与当地人不属于同类人（王春光，2001）。对于城市生活和未来预期，新生代农民工表现出较高的自信和乐观态度。从调查数据的分析情况来看，有53.8%的调查对象不认为在城市里工作生活地位很低，有56.25%的调查对象不认为在城市里工作生活受歧视（张祝平，2011）。新生代农民工交往的对象和范围主要局限于基于血缘、亲缘和地缘关系的家人、亲戚、朋友和老乡身上，由此导致新生代农民工群体与城市市民群体之间存在着严重的心理隔阂，形成新生代农民工城市生活的另一种"内卷化"状态和"心理孤岛"现象，造成新生代农民工与城市市民共同生活"有交往没有交流"，处于一种"镶嵌式"状态，形成封闭的群体性生活。他们游离在农村与城市之间，"城市边缘人"的社会角色让他们面临着巨大的心理落差，强烈的迷茫和不安时常笼罩在他们内心深处（李贵成，2013）。因此，农民工对制度性歧视的漠然，可能源于机制性分隔，即由于交往圈的限制，农民工对歧视的现实却感觉并不敏感，但并不等于歧视不存在。制度性歧视可以寄希望于政府在制定公共政策中，加以改进和完善，但非制度性歧视，原因更为深层面。要消除存于人们内心的身份歧视，需要相当长的一个过程。

个案**2**：

　　某男，27岁，抢劫，贵州遵义人。我也不想主动跟他们交流。他们呢，虽然表面对我不错，但是我觉得呢，他们也不是说真心要跟我好……

个案 **3**：

　　某男，25岁，抢劫杀人，河南人。看不起我，我想肯定会有的，但也不好说，因为毕竟不怎么交往。他可能就收房租来啦，不收房租就基本上见了面也不打招呼。其实吧，我觉得这是我们中国人一大弊病。不管你是哪里人，哪个地方都有歧视……像我们河南人啊，我觉得到哪个地方都受歧视。以前不是流行说我们那边人口多，犯罪的多，就说防火防盗防河南人，这类似的话你听过吗？很多，我听过很多，觉得歧视这个问题对我们伤害蛮大的，我也蛮反对这个东西。本地人有钱，羡慕也谈不上，倒也谈不上仇视，反正总归是一种很平淡的东西，我觉得冷漠这个词倒比较可以，好像与本地人不太有交往。

　　我觉得陌生人倒没有什么歧视你的东西，主要是一些熟人他可能会歧视你。陌生人他们不会去歧视你，也不会跟你过多交往，倒是说我们……不管是我们那边还是其他地方也好，富看不起穷好像是一个天经地义的事情，每个地方都有。农村小农意识，他也没有那种太高的素质，总是风凉话讲讲，攀比什么的。总归是很多事情，包括你旁边的邻居也好，好像就是说这种心理还是蛮多的。你说陌生人他也犯不着看不起你或是怎么，你也不跟他去打交道。就是看不起你，他也不会表现出来，你也不知道他到底看不看得起你……

个案 **6**：

　　某男，26岁，抢夺，广西人。那时候我初到外面，文化低，没有什么事情做，也没有什么特长。所以说，出来打工，我那时候心里面觉得被人很歧视。在厂里，我有一种自卑感。

个案 **10**：

　　某女，27岁，抢劫，山东人。刚开始有的是排斥嘛。有人说，外地人什么什么的。但是我倒是没有把这种想法当回事……那时，我男朋友把我带到他家里的时候，他家里人刚开始对我认可，可能事后很介意我外地人的身份。所以说，从你这个事情也看出来温州人，包括本地人和外地人还是存在一些歧视的。我觉得，别人的歧视是别人歧视的眼光，但是我觉得自己心里怎么想是最重要的。我不需要说因为别人的价值观而贬低我自己的人生，但是也不能忽略一些歧视。

个案 **14**：

　　某男，28岁，贩毒，云南楚雄人。我那时候经常会接触到本地人，比如说租房啊。因为我在外面的话，别人看起来可能会感觉这个小孩子比较斯文，不会像别人一样在外面乱搞。所以，我和他们在接触上面还是比较融洽的。但是我身边一些朋友，我看在他们眼里，如果给他第一眼印象你是外地人的话，他会在很多方面，讲话上啊，动作上啊，眼神上啊，就觉得有一种排斥你的那种感觉，很看不起你的那种感觉。我想这种情况也是很正常的，你看像我们这种人在里面改造也是这样的，警官看到你一个外地人和一个本地人，肯定是站在本地人这边。人嘛，都有点感情色彩。

个案 **15**：

　　某公安派出所副所长。没错，歧视方面，我看相当严重。租给外地人的房子便宜，他们住的都是本地人以前养猪的猪圈，改造一下就给他们住了，我们这里很多。或者是本地人老房子不要了，老房子剩下来的地方就给你住。平时，本地人从说话、眼神看他们都是不一样的。群众谈话当中，有一句话叫作＊＊＊，用我们本地话说就是＊＊＊（歧视性方言）。第二个方面呢，本地人现在的生活习惯和以前完全不一样，因为现在本地人也知道把垃圾扔到垃圾桶，可是外地人呢还没有这个习惯。本地人歧视外地人，所以很多外地人学本地话，冒充本地人。

个案 **16**：

　　某公安派出所所长。说农民工觉得自卑啊，这种感觉也倒不怎么有。除非打交道的时候，遇到漏水啊，生活受到影响了，在处理过程中农民工多少受到一些歧视。居民也讨厌外地人住在这里，比如我们开个社区座谈会，居民说他们住在这里特别讨厌。特别老社区，房子也是中介公司租出去的，农民工的教养问题也不是一下子就可以提高的。

　　身份是指一种出身或社会位置的标识，而认同旨在表达与他人相似或相异的归属感和行为模式（张淑华、李海莹等，2012）。自我身份认同和他我身份认同，是情感认同中非常重要的一项指标。分析发现，自我身份认同为农民的，违法犯罪自我报告最高；其次认为是农民工的；认为是居民的，违法犯罪的自我报告最低。但在暴力犯罪率上，自我身份认同为农民工的，暴力犯罪率最高；认为是居民的，违法犯罪的自我报告最低。但是在暴力犯罪程度方面，调查结论则正好相反，认为自我身份认同为居民的，暴力犯罪刑期最长；认为是农民工的，暴力犯罪刑期最低。在访谈中我们发现，农民工的作案方式，临时起意的比较多，作案方式相对比较简单，真正有预谋的，相对比较少；而本地居民犯罪，则相对有预谋的多，犯罪的恶性程度大，导致所犯暴力犯罪的刑期较长，这可能是其中的一个原因。在他我身份认同方面，他我身份认同为农民工的，暴力犯罪率最高；他我认同为居民的，暴力犯罪率最低。在暴力犯罪程度方面，发现自我身份认同为居民的，暴力犯罪刑期最长；认为是农民工的，暴力犯罪程度最低。上述结果与自我身份认同相关性结论一致。

对农民工而言，留守儿童经历是否会对其日后的行为产生影响？研究发现，有留守儿童经历比没有留守经历报告更多的违法犯罪，但在暴力犯罪率未出现显著差异。在暴力犯罪程度方面，有留守儿童经历的甚至比无留守儿童经历的暴力犯罪程度低。国内有关留守儿童经历可能会增加犯罪和暴力这一观点可能被夸大。因此，对留守儿童与犯罪、暴力的相关性，需要进一步的评估，对留守儿童经历的负面影响也没有必要过多地解读。北师大的研究团队在对留守儿童生活事件与心理健康关系的研究中发现，留守儿童的总体生活压力事件水平显著高于非留守儿童，但是在各项心理健康指标的得分上无显著差异。留守导致的家庭成员在时空上的隔离虽然给儿童造成心理上、情感上的一些负面影响，但是并没有影响家庭的完整性和家庭成员（包括儿童）的认同感，其原因就在于农村固有的亲属网络提供了他们可资利用的社会资本。留守儿童问题不单纯是留守所带来的问题，而是与更广泛、更深层的社会问题关联在一起，不可能通过"一揽子"行政措施和零散的项目解决（谭深，2011）。留守经历负面影响的显著性水平很高，但是与性别、年龄和教育程度等个人基本特征变量相比，其影响程度非常有限。新生代农民工有留守经历表明其父母已经有一定的流动经验积累，这对于其外出后的就业和生活都能带来正效应（吕利丹，2014）。

（二）回归模型

1. 整体回归模型分析

以违法犯罪自我报告的整体回归分析表明，在地位认同维度，教育程度、对警察态度等变量的回归系数显著性意义；在道义认同方面，邻里关系、价值导向、情绪以及被害自我报告等变量的回归系统呈显著意义；在情感认同方面，与父母相处、父母监管、朋友犯罪、非制度性歧视等变量的回归系数呈显著意义，其中，价值导向、朋友犯罪等变量对违法自我报告影响的贡献度较大。根据理论假设中三个维度的认同，三种认同的自变量对整体的违法犯罪均具有一定的影响。其中道义认同与情感认同对违法自我报告的影响尤其显著。家庭情感认同的缺失，会导致寻求朋友圈的情感认同，朋友圈的违法犯罪会对各身份群体的违法犯罪产生较大影响。各身份群体对违法行为的价值导向，直接影响着其违法犯罪行为的实施。此外，非制度性歧视对各群体的违法犯罪也会产生较大的影响。

暴力程度的整体回归分析显示，只有情绪因素对暴力程度的回归系数呈显著性，说明暴力程度与个体层面的性格特质关系密切。同样的生活境遇，同样的身份歧视，为什么有些人在行为上表现暴力程度比较强烈，可能与社会环境、社会交往关系不紧密，而与个体的特质密切相关。上述分析表明，对一般性违法犯罪而言，影响因素较为复杂多样，而对暴力犯罪程度而言，个体特质的影响要大于社会家庭环境因素的影响。

综上分析，社会分化理论基本能够解释整体的违法犯罪自我报告。德国的一项青少年违法研究设计中，发现能够同样预测四种不同身份群体违法行为的变量，即父母暴力和违法观念，可以用以解释四分之三的违法行为的差异性。该研究没有使用一些专门针对移民的预测因子，如歧视、语言障碍、针对移民边缘化或孤立的文化适应战略等。研究者认为所有这些变量都是具有代表性的，与移入地文化的规则和价值观导致的违法观念的关系并不充分，进而不需要解释移民违法行为的差异（Silbereisen，2008）。我们在本研究中也得到相似的结论，在所有的变量中，价值导向、朋友犯罪等预测变量对不同的身份群体的违法犯罪均有较大的影响。然而，非制度性歧视等身份差异性变量对于违法犯罪有一定的影响，但对暴力恶性程度的影响不显著。影响农民工违法犯罪和暴力的因素，也许并不是其身份差异所引起的。这一个十分重要的发现。

2. 不同群体的回归模型分析

以违法犯罪自我报告为因变量，对各身份群体分别进行回归分析发现，城市人群体中的朋友犯罪情况和情绪因素影响显著；城镇人群体中的受教育状况和朋友犯罪情况影响显著；城市中的城镇人群体中的对警察态度、被害自我报告、朋友犯罪等因素均有显著意义；对本地农民工群体，对警察态度、被害自我报告、朋友犯罪情况等均影响显著；针对外出农民工一代，在朋友犯罪、价值导向、受朋友侵害、被害自我报告、情绪等均影响显著；对新生代农民工，价值导向、情绪以及朋友犯罪等指标影响显著；对农民群体而言，朋友违法犯罪和价值导向与违法犯罪影响显著。此外，相比其他群体，违法的价值导向对农民工及农民身份群体的影响更大。

3. 外出农民工群体代际差异回归模型

将雇主歧视等变量纳入分析范围，对外出农民工群体进行回归分析发现：以违法犯罪为因变量的回归分析显示，农民工一代在地位认同方面，对警察态度影响显著；在道义认同方面，价值导向影响显著；在情感认同方面，朋友犯罪、受朋友侵害、非制度性歧视影响显著。对新生代农民工的回归分析发现，地位认同方面的父母家庭收入、道义认同方面的价值导向以及情感认同方面的朋友犯罪情况等变量影响显著。以暴力犯罪程度为因变量进行回归分析发现，新生代农民工的个人收入以及与父母相处等变量有显著影响。外出农民工一代由于不存在具有相关性的线性变量，无法进行回归度量。

第二节　政策与启示

一、实现地位认同方面

（一）消除制度性歧视，实现基本公共服务均等，促进新生代农民工阶层向上流动

农民和农民工的受教育程度相比城市、城镇人普遍偏低，农民的受教育程度最低。从外出农民工的代际差异比较发现，新生代农民工受教育程度要高于农民工一代。相关性分析表明，群体的教育程度越高，其违法犯罪自我报告率越低。因此，提高教育程度可以有效地降低对暴力规范的遵从，从而有效地实现犯罪预防。西方关于移民教育的研究认为，对第一代和第二代移民的教育十分重要，那些在初期未能达到一般中等教育水平或更低的人，他们的后代依旧会经历教育和职业障碍（Portes，2012）。教育公平是农民工实现向上流动的重要路径，也是实现地位认同的重要因素。政府必须高度重视新生代农民工及其子女的教育公平，让广大新生代农民工享受与其他城镇居民相同的教育资源。

新生代农民工在城市中工作和生活，渴望与城市市民一样享有养老、住房、教育、医疗等应当由政府提供的最基本的公共服务；而住房、教育、医疗等救助制度的实施，能够使新生代农民工体面地生存，可以免除他们的生存危机、共享社会发展的成果，这样可以促进新生代农民工的自尊和自我价值感。但在城乡二元分割的经济体制下，他们在实际工作中都没法享受到和城市居民相同的养老、教育、医疗、住房等福利待遇，导致他们的基本权益受到侵害，甚至剥夺了他们在城市生存与发展的机会。我们把这种现象称之为"制度的断裂和失效"（李贵成，2013）。本研究发现，

就业歧视与农民工一代和新生代农民工的违法犯罪均具有相关性，但公共政策歧视只与新生代农民工的违法犯罪相关。如此看来，相比外出农民工一代，新生代农民工对社会不公等制度性歧视反应更为强烈。消除制度性歧视，实现教育、就业等公平问题，从而有效地预防新生代农民工违法和犯罪。研究还发现，制度性歧视与农民工暴力犯罪并不存在相关性，因而我们也不能夸大制度性歧视对农民工的暴力犯罪预防的影响，将农民工暴力犯罪都归因于社会制度的不公。

（二）加强技能培训，提高新生代农民工薪酬水平，适应我国经济转型的新常态

个人经济状况越好，其违法犯罪自我报告率越低。个人经济收入方面与暴力犯罪率之间具有负相关性，还与暴力程度存在着显著关系。新生代农民工父母的经济状况明显要高于农民工一代。外出农民工一代的父母家庭经济状况与其违法犯罪相关，但对新生代农民工而言，该因素与其违法犯罪并无显著相关性。因此，提高新生代农民工的个人薪酬水平，在预防违法犯罪和暴力犯罪方面，有一定的贡献度。刘传江认为，加大对新生代农民工的职业培训，让他们有能力在激烈的市场竞争中站稳脚跟，真正实现其在生存职业、社会身份、自身素质以及意识行为向市民的转化（刘传江、程建林，2008）。在当前，囿于农民工群体的低技能水平，绝大多数农民工的就业仍限于低层次的就业，工资薪酬水平较低，无法适应"新常态"下的经济转型升级、企业用机器换人对高素质劳动力的需求。国家实施的农民工职业技能提升计划①，对提升农民工技能，从总体上缓解因缺少技能而产生的农民工就业招工"两难"的结构性矛盾，提高新生代农民

---

① 国新办就农民工工作有关情况举行发布会，http://www.china.com.cn/zhibo/2015-02/28/content_34902325.htm?show=t。

工的就业竞争力，适应转型升级非常有利。

（三）鼓励农民工举家迁移，提高新生代农民工家庭结构的完整性和稳定性

对所有群体而言，婚姻家庭结构越好，其违法犯罪自我报告率越低。美国关于移民与犯罪的关系也说明，美国第一代移民的犯罪率较低，家庭结构强化了非正式控制并遏制了犯罪行为。在美国，移民从总体上而言，更可能是家庭完整，或者父母双全的家庭结构。低离婚率以及父母双全的家庭减少了家庭破坏，这与犯罪具有较强的关联性。延伸来讲，移民具有更完整的家庭结构，维持了相应的家庭文化传统，这可能是有移民的邻里，犯罪率则更低的原因。移民与暴力犯罪的负关联，很大程度上缘于一种事实：即移民与离婚、单亲家庭呈负相关性，而这两种因素则与暴力犯罪的关系很大（Kubrin and Ishizawa，2012）。在本研究也同样发现，农民工是犯罪率较高的群体，其家庭结构的不稳定性导致非正式的社会控制减弱，这可能是其中重要的原因之一。因而，通过公共政策和社会保障制度的完善，如通过解决公租房，以及农民工子女的入学问题，创造条件让农民工实现举家迁移，通过完整的婚姻家庭生活，达到非正式的社会控制目的，从而有效地预防农民工犯罪。

（四）有序推进城市城中村和棚户区改造，为农民工最初在城市的落脚创造便利条件

对农民工群体而言，进城务工的时间与暴力犯罪率存在着负相关性，这一结论与其违法犯罪自我报告的相关性是一致的，即进城务工时间越短暂，犯罪率越高。有学者对天津的调查也发现，农民工第一次犯罪的时间与进城时间长短成反比，进城时间越短则犯罪比例越高。农民工进城的次数越多，其犯罪发生的可能性就越低，这与农民工对城市生活的适应与融

入问题相关（张宝义，2006）。本研究还发现，各群体的居住地选择上与暴力犯罪率存在着相关性。集中在单位住宿的群体，其暴力犯罪率明显高于居住在其他区域的群体。集中在单位居住的，往往是新来的单身农民工群体。国外移民犯罪研究也发现，经常搬家寻找工作低人力资本的外来移民处于最不利的环境，他们缺少人力或社会资源来减缓文化适应，对无情改变子女的环境无能为力（Portes，2012）。因而，对初到城市的农民工群体，要注重其在城市最初的落脚，特别是创造便利性的居住条件和就业生态等。

加拿大记者道格·桑德斯在其著作《落脚城市》中提到：外来移民在融入城市之前，一般会选择在"城中村"作为他们进入城市的"落脚点"，作为其融入移入地社会的过渡。桑德斯对这种处于城郊接合部的"城中村"或者"贫民窟"，总体上给予了积极的评价，认为政府应对这些移民的落脚点给予足够的宽容（Doug，2012）。"贫民区"可以作为抑制文化冲突和保留"旧世界"的非正式社会控制的保护功能。少数民族聚集地，可能会鼓励文化保护，提高或者保持家庭关系和社会网络，提供就业机会和创业机会，并且增加非正式社会控制，帮助遏制犯罪（Ousey and Kubrin，2009）。从个体层面而言的基本结论是：移民集中与犯罪率和整个犯罪没有什么关系（Kubrin and Ishizawa，2012）。在我国，"城中村"是一个生态系统，外来人口在此环境中可以通过小型的商业，实现自我生存，为其下一代移民实现社会的向上流动创造一定的条件。清华大学历史学教授秦晖认为："大城市存在这种地区一点都不可耻。恰恰相反，深圳和其他城市都应该主动允许廉价居住地区的存在"（Doug，2012）。有学者甚至认为，城中村改造出一个只有受害而无任何获益的群体，这种群体就是进城农民工。进城农民工因此失去了城中村这个廉价的居所，更难在城市谋取收入高的就业，要支付更多的房租，更难以获得体面融入城市和积蓄（贺雪峰，2014）。拉美、南非等世界上许多国家"贫民窟"改造的经验教训表明，脱离社会福利制度保障的"有序城市化"是不可实现的。因此，在我国城镇化过程中，针对城市棚户区的改造以及大型安置小区的建立，应充分考虑到农民工的合理居住成本。

（五）通过企业转型升级，合理控制流动人口的规模，引导新农民工回乡创业和就业

实现农民工的公共服务均等，受制于城市的容量以及公共财政的投入。外来务工人员与本地居民关于教育、公共服务等资源的争夺问题，已经变得较为突出。无限制地扩大城市的规模和容量，通过低附加值的产业吸引大量的农民工进入城市，不利于提高农民工的就业满意度，难以实现更好的城市融入，反而容易形成外来人口高度聚集而带来的严重社会问题。当前，新生代农民工总体生活满意度较低。相比一代农民工，新生代农民工的生活满意度并没有明显的改善（林林、胡乃宝等，2013）。政府对待农村劳动力转移不能操之过急，不能过早地剥离新生代农民工与农村的联系，而应稳定好"农村"这一劳动力"蓄水池"，避免造成新生代农民工"融不进城、退不回村"的状况。考虑到在本地务工对新生代农民工工作满意度有正向影响，政府还应该鼓励新生代农民工就地转移，加强对返乡创业、就业的支持力度，给予资金支持和金融保障，提供就业信息，做好创业服务（姚植夫、张译文，2012）。农民进城是自愿的，是理性选择的结果，国家和地方政府不通过鼓励政策来推动农民进城（贺雪峰，2014）。当前，我国正在经历产业结构调整，经济转型升级的关键时期。通过企业转型，促进一部分低素质劳动力回流，让外出农民工在家乡就近就业，不仅可以解决城市的无限扩大带来的城市病和外来人口高度聚集的犯罪风险，同时，也符合国家新型城镇化建设发展纲要所提出的总体构想。

二、实现道义认同方面

（一）为新生代农民工创业提供发展机遇，满足新生代农民工高层次的动机需求

有三分之一的新生代农民工择业时将"职业发展"作为首要标准，说明相当比例的新生代农民工的务工追求已经从"生存型"向"发展型"转变，对工作平台和未来前景更加看重（姚植夫、张译文，2012）。本研究也发现，农民工不同代际之间的务工动机差异显著。新生代农民工进城打工的动机，开始由赚钱向创业转变。农民工进城务工动机与其违法犯罪率和累犯率均有相关性。越是趋向于创业的动机，其则犯罪率和累犯率也越高。较高的进城务工的期望与现实困境之间矛盾所导致的"紧张"，是导致违法和犯罪的原因之一。大多数农民工认为当前生活与在农村时比要好，但是又不尽如人意，需要改善。而第二代农民工的基本满意水平高于第一代农民工，不满意程度低于第一代，与第二代农民工追求轻松体面的工作、吃苦耐劳性较弱的传统认知不符，可能实际反映了第二代农民工对环境的适应性更强，能灵活调整自己的心理预期，在金融危机下能以乐观的心态面对生活（周可、王厚俊，2009）。因此，通过国家结构的调整和企业转型升级，充分发挥好"互联网+"以及"电商"等新兴产业的发展，为新生代农民工实现就业和创业，提供更多更好的机遇和平台。

（二）推进户籍制度的实质性改革，科学评估城乡二元结构对农民工犯罪的影响

本研究发现，在入户意愿方面，农民工群体对落户城市的意愿并不高，而且代际之间也没有差异性。农民工落户意愿的选择，与违法犯罪以及暴力等没有显著关系。随着对农民工社会保障的进一步改善，城镇户口

的含金量和吸引力正在消减，户籍制度改革本身对预防农民工犯罪及暴力的作用并非如学界普遍所认为的那么直接和有效。城市的就业机会以及保障机制要与城镇化、新生代农民工融入协调发展，才能避免过快的城镇化所导致的拉美国家贫民窟现象。如果没有与新生代农民工相适应的稳定就业机会和就业保障制度，即便通过户籍制度改革将新生代农民工留在城市，也可能会因为出现大量的失业问题而出现城市流民和"贫民窟"现象。如果出现上述现象，显然与我国正在积极倡导和推行的城镇化发展的终极目标背道而驰（李贵成，2013）。对于第一代农民工而言，尽管"融城难"，但他们有着较强的"乡土认同"以及务农的本领，换言之，尽管他们在城镇无法"扎根"，但是他们在农村有"根"，"亦城亦乡、亦工亦农"，现行的农村土地制度为其提供了底线保障，从而也可避免在工业化、城市化进程中出现的"流民"现象和类似一些发展中国家的"城市病"（王春光，2001）。农村对失业农民的消化能力很强。事实上，2008年金融危机导致2100万农民失业，几乎没有对中国社会乃至对农民生活造成任何影响，中国现存的城乡二元结构有效地消解了城市二元结构（贺雪峰，2014）。加快户籍制度改革的步伐，关键是要进行实质性的改革，给人们带来实惠，否则，70%以上的农民工并不希望农转非，其中很大的比例是因为城市户口"没有用处"（段成荣、马学阳，2011）。综上，本研究认为，需要推进户籍制度的实质性改革，完善流动人口的居住证制度，科学评估户籍制度改革与农民工犯罪预防的关系，以防止出现政策的误导性。

（三）注重农民工价值导向的教育引导，充分认识个体因素对犯罪和暴力的影响

本研究发现，所有群体的邻里关系、价值导向、情绪等因素与违法犯罪和累犯率之间存在着显著性相关性。越信奉违法价值观，情绪越消极，则违法犯罪率和累犯率越高。在整体和各身份的回归分析中也发现，影响

违法犯罪和暴力的因素，并非是具有显著身份差异的变量，比如朋友犯罪、价值导向、与父母相处等。而如歧视等具有身份特征的变量，并没有对违法犯罪或暴力产生较大的影响。以暴力犯罪程度作为因变量的回归分析显示，情绪因素对暴力程度产生显著性影响。同样的生活境遇，同样的身份歧视，为什么只有少数人实施犯罪和暴力？相比其社会环境、社会交往外，个体的性格特质因素不可忽视。综合分析可知，对于轻微的违法犯罪，影响变量多而复杂，而对暴力犯罪程度而言，个体性格特质的影响远远要大于其他社会环境因素的影响。因而，从犯罪预防角度看，首先要认识到犯罪预防具有一定的局限性，尤其是针对具有反社会行为特征的暴力犯罪，如近年来的公交车纵火、校园暴力重大恶性案件。这些暴力犯罪的原因更多地应归因于个体因素。公安机关对此类犯罪的预防难度也很大。其次，政府相关部门以及媒体舆情要注重对农民工价值观的教育引导，充分认识群体个性特质对其犯罪和暴力产生的直接影响。

（四）提高农民工聚居地的社区服务水平，改善邻里关系，促进社会融合

本研究发现，邻里关系处理得越融洽，其违法犯罪和累犯性更低。邻里关系，不能简单地理解为农民工与本地人的交往。农民工的交往圈，往往是身边的老乡和工友。要对农民工处理好老乡和工友的关系予以重视。通过改善农民工的工作环境以及生活环境，增强邻里关系，通过相关措施让农民工家庭实现团聚，可以有效地改善农民工的心理状况（Ming and Guixin，2009）。要增强人文关怀，要发挥社区成人教育的作用，让新生代农民工带着尊严融入城市（李贵成，2013）。通过改善农民工集中聚居区的环境和社区服务，改善农民工群体的邻里关系，可以有效地促进农民工的社会融入，从而达到预防犯罪的目的。

三、实现情感认同方面

（一）发挥社区和自愿者作用，强化农民工家庭的监管义务，实施家庭帮扶计划

外出农民工一代的父母家庭破碎、父母不良行为、子女状况，会对其违法犯罪产生一定的影响。对新生代农民工，朋友家人犯罪对其违法犯罪产生较大影响。新生代农民工因其父母的不良家庭状况以及管教方式，易影响其暴力行为。各群体与父母相处关系越融洽，则报告的违法犯罪越少，重新犯罪率也越低。在父母监管方面，父母监管越松，则报告的违法犯罪越高，重新犯罪率也越高。父母的教育和监管对子女的成长非常重要。父母监管是子女情感认同的重要来源。如果家庭情感认同缺失，会导致其向外寻找情感寄托，容易与具有相同境遇和不良青少年结交，从而滋生违法犯罪和暴力犯罪。此外，父母的不良行为会对其女子的行为产生一定的影响。父母有酗酒行为的，其违法犯罪自我报告率要高；一旦实施暴力犯罪，则暴力犯罪程度要高。父母离婚，其违法犯罪的自我报告要高。为此，建议充分发挥社区和自愿者队伍的作用，实施社区农民工家庭帮扶计划，如社区要对缺乏父母监管的农民工家庭提供免费的家长培训教育，当地公安派出所要为农民工家庭提供亲民警务等服务，自愿者在寒暑假期间为流动儿童提供"小候鸟"教育关怀项目，提供免费的学业培训等。

（二）发挥社会治安防范组织作用，加强对农民工朋友交往圈的社会控制

犯罪因素对各身份群体朋友的违法犯罪甚至暴力产生明显的影响。朋友犯罪率高，则会导致其实施更多违法犯罪以及暴力，重新犯罪率也上升。外出农民工一代，在朋友犯罪以及朋友亲密度方面均存在着显著相关

性；新生代农民工，在朋友犯罪等指标具有显著的相关性。在朋友交往方面，新生代农民工和农民工一代不存在代际差异。对农民群体而言，朋友违法犯罪和价值导向与违法犯罪具有显著的相关性。综合比较发现，各群体朋友犯罪情况对其违法犯罪的影响因子最为强烈，朋友交往的选择性明显地影响各身份群体个体的违法犯罪行为。这一现象符合犯罪学的学习理论，违法犯罪行为互相习得，相互传染。因而，对于公安机关及社会治安防范组织，应加强对出租房屋等农民工高度聚居区的管理，要高度重视农民工朋友交往圈的排查和管控，这对新生代农民工犯罪和事前预防和事后查控有一定的效果。

（三）提高农民工的社会经济地位，倡导社会包容之心，消除身份歧视问题

非制度性歧视主要表现为对农民工的身份歧视，相比其他群体，农民和外出农民工群体感知的歧视最为强烈。从外出农民工代际差异看，农民工一代所感受到的歧视比新生代农民工更强烈一些。非制度性歧视对违法犯罪和累犯产生一定影响，受歧视程度越高，则违法犯罪率越高，重新犯罪率也相对高。歧视对农民工心理健康的影响力，要远超过人口学因素、社会经济因素以及心理变量因素所产生的影响（Ming and Guixin，2009）。一些农民工虽然似乎没有感到身份歧视，但并不表明这种身份歧视不存在。农民工的交往圈往往局限于老乡和工友，他们囿于相对封闭的生活圈而体会不到本地人对他们的身份歧视，转而表现为对身份歧视的漠然。如果说制度性歧视可以寄希望于政府完善公共政策中，提高公共服务的水平，但非制度性的身份歧视，就如种族歧视一样，长期存在。要消除身份歧视，关键要提升农民工的社会经济地位，让农民工通过就业和创业，获得相对体面的工作，过上体面的生活。同时，要提倡社会的主流价值观，培育社会成员的包容和宽容，让新生代农民工成为真正意义上的城市新

居民。

（四）科学评估留守儿童经历对农民工成长的风险，以防政策上出现误判

本研究发现，有留守儿童经历比没有留守经历者报告更多的违法犯罪，但在暴力犯罪方面并未出现显著差异。在暴力犯罪程度方面，有留守儿童经历甚至比无留守儿童经历的暴力犯罪程度低。因此，建议政府和研究机构要对留守儿童经历对农民工日后成长的影响作审慎的评估，以防在决策上出现误判。

第三节　局限与展望

一、研究之局限

本研究以在押服刑人员为样本，首先，通过对新生代农民工身份的重新定义，与其他各种身份的比较，分析农民工的违法犯罪、暴力和累犯等因变量上是否存在着身份差异和代际差异。其次，在此基础上，根据社会分化理论所确定的地位认同、道义认同以及情感认同三个维度变量，对新生代农民工群体违法犯罪、暴力以及重新犯罪等原因进行深入的分析，得到了不少有意思的发现。这些新的发现，对重新审视新生代农民工的犯罪与暴力状况，重新评估新生代农民工违法犯罪和暴力行为的影响因素，作为一次有价值的探索。最后，结合分析模型和理论发展，对新生代农民工的犯罪预防和控制，提出了若干政策建议。

本课题在理论的运用方面，借鉴了西方学者提出的社会分化理论，验证了该理论对我国新生代农民工违法犯罪以及暴力行为等方面的适用性。

在方法上，本研究采取定量与定性相结合的方法，抽取的样本量较大，且采取了分层随机抽样的方法，对各种身份群体均进行了抽样。该研究设计，有利于更科学地比较农民工代际之间，以及与其他群体的犯罪与暴力的差异性，发现新生代农民工群体犯罪与暴力的代际差异以及影响因素。同时，在研究中，又通过对部分新生代农民工罪犯以及公安机关、监狱的民警的面对面访谈，收集了大量鲜活、生动的案例。这对进一步解释和验证定量研究中的发现，提供了重要的证据。

然而，在理论借鉴上，社会分化理论是西方学者基于西方移民犯罪问题而发展起来的一种理论，国际移民与我国农民工群体在概念上、内涵上存在着许多差异性。比如，社会分化理论提出的在道义认同方面，包括有政治参与等权利诉求，国外移民与我国农民工在这方面存在着很多不同，本研究在这方面未深入地开展调查和研究。此外，关于三维度指标度量方面，笔者邀请该理论的主要创立者德国的威廉·黑特姆教授来国内参加了专题研讨会，曾面对面地与他交流了该理论的指标度量问题，并对相关的指标作了修订和调整。但是，在理论的三个维度的指标度量设计上，有些自变量在维度上的归类，可能还存在着不够科学，相互交叉的问题。针对违法犯罪自我报告等因变量的度量方面，由于自我报告是被调查人回忆入狱前 12 个月内发生的情况，对已经服刑期较长的罪犯而言，其信效度难免存在着一些问题。

在样本方面，本次抽样局限于已经犯罪的群体，对社会上的新生代农民工群体未展开抽样调查。因此，我们得出的结论，也仅仅适用于已经犯罪的农民工群体和其他身份群体。虽然，我们在对公安派出所民警的访谈中涉及一般的农民工群体，但我们尚不能将以监狱在押人员作为样本的发现，简单地扩大解释所有的农民工群体。此外，虽然本次调查的总体样本量较大，但由于各群体分类较多，导致每一类群体的样本量较小。而且根据外出农民工二代的操作定义，实际样本量太小，未纳入分析范围。

此外，在研究计划的执行过程中，难免存在着与研究设计与初衷不一致的情形，比如问卷调查和访谈过程中，受监狱环境和现场监管的影响而对问卷信效度的影响。由于监狱是特定的场所，不可能完全按照研究者的设计理想地实施研究计划，比如狱警对现场安全的监管等因素对信效度的影响等。但这些研究的缺陷，并不会对研究的结论产生重大影响。总体上而言，本课题的研究在理论的运用、方法的设计以及最终的实施上，具有创新价值和科学规范意义，得出的结论是真实、可信的。

二、后续之展望

为了更好地验证和发展社会分化理论，后续的研究将进一步以一般的农民工群体为样本，对原有的问卷调查表进行适当的修改，并将一般的农民工群体与现有样本的结果进行比较分析，发现一般农民工群体潜在的违法犯罪和暴力因素，更科学地揭示新生代农民工违法犯罪以及暴力的普遍性规律和预测变量。在研究设计上，同时将访谈这一定性研究方法纳入其中，通过对政府、社区、企事业单位、公安派出所以及普通市民的更广泛的随机访谈，收集更多的定性数据资料。此外，在分析方法上，拟采取更合理的统计分析方法，提高数据分析能力和水平，以期得到更多科学的发现。

在政策启示和建议层面，在后续的研究中，将研究的结论及时反馈给政府相关的职能部门，听取他们对研究结论的意见和建议，以不断地修正研究的发现和结论，使得研究的结论更具有现实指导性，为国家宏观层面制定农民工相关帮扶政策，各级政府部门在微观层面实施相关的帮扶措施，提供更科学的智力支持。

主要参考文献

一、外文类

1.Agnew（2006）. Pressured Into Crime: An Overview of General Strain Theory, Oxford.

2.Baier, D. and C. Pfeiffer（2008）."Disintegration and violence among migrants in Germany: Turkish and Russian youths versus German youths." New Directions for Youth Development 2008（119）:151–168.

3.Bao, W.–N. H., Ain（2009）."Social Change, Life Strain, and Delinquency among Chinese Urban Adolescents." Sociological Focus Aug 2009;42,3:285.

4.Cheung, C.–K., N.–P. Ngai, et al.（2007）."Family Strain and Adolescent Delinquency in Two Chinese Cities, Guangzhou and Hong Kong." Journal of Child and Family Studies 16（5）：626–641.

5.Dipietro, S. M. and J. M. Mcgloin（2012）."Differential Susceptibility? Immigrant Youth And Peer Influence." Criminology Volume 50 Number 3:711.

6.Haas, B. a.（2009）."Social Change, Life Strain." Sociological Focus Vol.42: pages 285–305.

7.Heitmeyer, W. and R. Anhut（2008）."Disintegration, recognition, and violence: A theoretical perspective." New Directions for Youth Development 2008（119）：25–37.

8.Heitmeyer, W. and R. H. Dollase（1996）. Die bedrängte Toleranz: ethnischkulturelle Konfl ikte, religiöse Differenzen und die Gefahren politischer Gewalt., Frankfurt: Suhrkamp

9.Heitmeyer, W., J. Müller, et al.（1997）. Verlockender Fundamentalismus. Türkische Jugendliche in Deutschland., Frankfurt: Suhrkamp.

10.Hirschi, T. and M. Gottfredson（1983）."Age and the Explanation of Crime." American Journal of Sociology 89（3）:552–584.

11.Kasinitz, P.（2012）."The Sociology of International Migration: Where We Have Been; Where Do We Go from Here?1." Sociological Forum 27（3）:579–590.

12.Klandermans（2011）."Embeddedness and Identity: How Immigrants Turn Grievances into Action." American Sociological Review Vol.73, No.6（Dec.,2008）: pp.992–1012.

13.Kubrin, C. E. and H. Ishizawa（2012）."Why Some Immigrant Neighborhoods Are Safer than Others: Divergent Findings from Los Angeles and Chicago." The ANNALS of the American Academy of Political and Social Science 641（1）: 148–173.

14.Kubrin, C. E. and G. C. Ousey（2009）."Exploring the connection between immigration and violent crime rates in U.S. cities,1980–2000." Social Problems 56（3）: 447+.

15.Liu, R. X. and W. Lin（2007）."Delinquency Among Chinese Adolescents: Modeling Sources of Frustration and Gender Differences." Deviant Behavior 28（5）:409–432.

16.Müller, J.（1998）."Jugendliche türkischer Herkunft: Alltagserfahrungen und Orientierungen." Wissenschaft und Frieden 16:51–53.

17.MacDonald, J. and J. Saunders（2012）."Are Immigrant Youth Less Violent? Specifying the Reasons and Mechanisms." The ANNALS of the American Academy of Political and Social Science 641（1）: 125–147.

18.Massey, Douglas S., et al.（2002）. Beyond Smoke and Mirrors: Mexican Immigration in an Era of Economic Integration. New York, Russell Sage Foundation.

19.Ming, W. and W. Guixin（2009）."Demographic, Psychological, and Social Environmental Factors of Loneliness and Satisfaction among Rural–to–Urban Migrants in Shanghai, China." International Journal of Comparative Sociology 50（2）:155–182.

20.Myers, R., C.–P. Chou, et al.（2009）."Acculturation and Substance Use: Social Influence as a Mediator among Hispanic Alternative High School Youth." Journal of Health and Social Behavior 50（2）: 164–179.

21.Ngai, P. and H. Lu（2010）."Unfinished Proletarianization: Self, Anger, and Class Action among the Second Generation of Peasant–Workers in Present–Day China." Modern China 36（5）: 493–519.

22.Ousey, G. C. and C. E. Kubrin（2009）."Exploring the Connection between Immigration and Violent Crime Rates in U.S. Cities,1980–2000." Social Problems 56（3）: 447–473.

23.Pérez, D. M., W. G. Jennings, et al.（2008）."Specifying General Strain Theory: An Ethnically Relevant Approach." Deviant Behavior 29（6）: 544–578.

24.Peterson, X. J. R. D.（2012）."Beyond Participation: The Association Between School Extracurricular Activities and Involvement in Violence Across Generations of Immigration." J Youth Adolescence 41:362–378.

25.Portes, A.（2012）."Tensions that Make a Difference: Institutions, Interests, and the Immigrant Drive1." Sociological Forum 27（3）: 563–578.

26.Ren, L., J. S. Zhao, et al.（2015）."Testing For Measurement Invariance of Attachment Across Chinese and American Adolescent Samples." International Journal of Offender Therapy and Comparative Criminology.

27.Richard Nagasawa, Z. Q., Paul Wong（2001）."Theory of Segmented Assimilation and the Adoption of Marijuana Use and Delinquent Behavior by Asian Pacific Youth." The Sociological Quarterly, Vol.42, No.3: pp.351–372.

28.Samaniego, R. Y. and G. Nancy（1999）."Multiple mediators of the effects of acculturation status on delinquency for Mexican American adolescents." American Journal of Community Psychology 27（1999）: 189–210

29.Schmitt–Rodermund, E. and R. K. Silbereisen（2008）."The Prediction of Delinquency among Immigrant and Non–Immigrant Youth: Unwrapping the Package of Culture." International Journal of Comparative Sociology 49（2–3）: 87–109.

30.Silbereisen, E. S.–R. a. R. K.（2008）."The Prediction of Delinquency among Immigrant and Non–Immigrant Youth: Unwrapping the Package of Culture." International Journal of Comparative Sociology 200849:87.

31.Suarez–Morales, L., F. R. Dillon, et al.（2007）."Validation of the Acculturative Stress Inventory for Children." Cultural Diversity & Ethnic Minority Psychology 13（3）: 216–224.

32.Zhang, A.（2008）. Crime, Law, and Social Change Vol.50:149–160.

二、中文类

1. 陈春良:《中国转型期收入差距与刑事犯罪的动态变化研究》(博士论文),浙江大学 2010 年。

2. 陈春良、易君健:《收入差距与刑事犯罪:基于中国省级面板数据的经验研究》,《世界经济》2009 年第 1 期。

3. 道格·桑德斯:《落脚城市》,上海译文出版社 2012 年版。

4. 丁金宏、杨鸿燕:《上海流动人口犯罪的特征及其社会控制——透过新闻资料的分析》,《人口研究》2001 年第 6 期。

5. 段成荣、吕利丹:《我国流动儿童生存和发展:问题与对策——基于 2010 年第六次全国人口普查数据的分析》,《南方人口》2013 年第 4 期。

6. 段成荣、马学阳:《当前我国新生代农民工的"新"状况》,《人口与经济》2011 年第 4 期。

7. 段成荣、杨舸:《我国流动儿童最新状况——基于 2005 年全国 1%人口抽样调查数据的分析》,《人口学刊》2008 年第 6 期。

8. 何海:《第二代农民工问题与对策研究》,《特区经济》2009 年第 10 期。

9. 贺雪峰:《城市化的中国道路》,东方出版社 2014 年版。

10. 姜又春:《家庭社会资本与"留守儿童"养育的亲属网络——对湖南

潭村的民族志调查》,《南方人口》2007年第3期。

11. 金诚、李树礼:《流动人口的空间分布与犯罪问题研究——以流动人口聚集区与犯罪热点的相关性为视角》,《中国人民公安大学学报(社会科学版)》2014年第5期。

12. 金小红、陈明香:《新生代农民工犯罪的现状与原因分析——以武汉市的调查为例》,《学习与实践》2011年第12期。

13. 康均心、杨新红:《城乡一体化背景下的刑事政策调适——以流动人口犯罪为研究视角》,《法学论坛》2010年第1期。

14. 冷向明、赵德兴:《新生代农民工融入城镇:政策困境及其变革研究——基于公民身份的视角》,《社会主义研究》2013年第2期。

15. 李贵成:《新生代农民工群体性焦虑及其消解机制探讨》,《中国青年研究》2013年第11期。

16. 李贵成:《增权理论视域下维护新生代农民工尊严问题研究》,《郑州大学学报(哲学社会科学版)》2013年第3期。

17. 林君、刘婷:《新生代农民工违法犯罪问题调查报告——以温州市为例》,《公安学刊(浙江警察学院学报)》2013年第5期。

18. 林林、胡乃宝:《山东省新生代农民工生活满意度调查》,《中国公共卫生》2013年第3期。

19. 林彭、余飞:《"新生代农民工"犯罪问题研究》,《中国青年研究》2008年第2期。

20. 刘传江:《新生代农民工的特点、挑战与市民化》,《人口研究》2010年第2期。

21. 刘传江、程建林:《第二代农民工市民化:现状分析与进程测度》,《人口研究》2008年第5期。

22. 刘里卿、张杰英:《流动人口犯罪及其预防对策探析》,《河北学刊》2014年第1期。

23. 刘娜、钱波:《杭州下沙新生代农民工生活满意度调查——基于有序Probit模型的实证研究》,《经济研究导刊》2012年第6期。

24. [美] 路易丝·谢利:《犯罪与现代化——工业化与城市化对犯罪的影

响》，何秉松译，群众出版社 1986 年版。

25.[美] 路易丝·谢利：《犯罪与现代化》，何秉松译，中信出版社 2002 年版。

26. 罗国芬：《从 1000 万到 1.3 亿：农村留守儿童到底有多少》，《青年探索》2005 年第 2 期。

27. 罗国芬、佘凌：《留守儿童调查有关问题的反思》，《青年探索》2006 年第 3 期。

28. 吕利丹：《从"留守儿童"到"新生代农民工"——高中学龄农村留守儿童学业终止及影响研究》，《人口研究》2014 年第 1 期。

29. 麻泽芝、丁泽芸：《相对丧失论——中国流动人口犯罪的一种可能解释》，《法学研究》1999 年第 6 期。

30. 全国总工会新生代农民工问题课题组：《关于新生代农民工问题的研究报告》，《工人日报》2010 年 6 月 21 日。

31. 任远、邬民乐：《城市流动人口的社会融合：文献述评》，《人口研究》2006 年第 3 期。

32. 谭深：《中国农村留守儿童研究述评》，《中国社会科学》2011 年第 1 期。

33. 王春光：《新生代农村流动人口的社会认同与城乡融合的关系》，《社会学研究》2001 年第 3 期。

34. 王春光：《新生代农民工城市融入进程及问题的社会学分析》，《青年探索》2010 年第 3 期。

35. 王桂新、刘旖芸：《上海流动人口犯罪特征及原因分析——透过新闻资料的梳理、分析》，《人口学刊》2006 年第 3 期。

36. 王玉琼、马新丽：《留守儿童问题儿童？——农村留守儿童抽查》，《中国统计》2005 年第 1 期。

37. 新华社：《关于进一步做好为农民工服务工作的意见》，国发〔2014〕40 号，2014 年 9 月 30 日。

38. 姚植夫、张译文：《新生代农民工工作满意度影响因素分析——基于西北四省的调查数据》，《中国农村经济》2012 年第 8 期。

39. 尹华飞、杨龙胜：《新生代犯罪农民工再社会化探索——以广东 F 监狱为例》，《青年探索》2008 年第 3 期。

40. 张宝义：《城市农民工犯罪的时间规律及分析——以天津市为背景的研究》，《中国人民公安大学学报（社会科学版）》2006 年第 1 期。

41. 张宝义：《农民工犯罪被害人的特征倾向分析——以天津市为背景的研究》，《中国青年研究》2006 年第 3 期。

42. 张宝义：《农民工犯罪的基本特征及其分析》，《湘潮（下半月）（理论）》2007 年第 7 期。

43. 张岷：《新生代农民工中的不同人群对利益诉求和群体事件的态度分析》，《中国青年研究》2013 年第 2 期。

44. 张淑华、李海莹：《身份认同研究综述》，《心理研究》2012 年第 1 期。

45. 张翼：《农民工"进城落户"意愿与中国近期城镇化道路的选择》，《中国人口科学》2011 年第 2 期。

46. 张志胜：《表达阙如与黑夜政治——利益视域下的新生代农民工犯罪问题研究》，《青少年犯罪问题》2011 年第 2 期。

47. 张祝平：《新生代农民工的生存状态、社会认同与社会融入：浙江两市调查》，《重庆社会科学》2011 年第 2 期。

48. 赵树凯：《外出就业农民的问卷调查（上）》，《小城镇建设》2000 年第 1 期。

49. 郑秉文：《拉美"过度城市化"与中国"浅度城市化"的比较》，《中国党政干部论坛》2011 年第 7 期。

50. 周可、王厚俊：《两代农民工流动动因与择业期望代际差异的比较》，《统计与决策》2009 年第 16 期。

51. 朱科蓉、李春景：《农村"留守子女"学习状况分析与建议》，《教育科学》2002 年第 4 期。

后　记

　　近年来，我一直非常关注新生代农民工的各种社会问题。国内现有的关于新生代农民工的研究，多侧重于如何实现市民化和社会融合等。而针对新生代农民工犯罪问题，高质量的研究成果可谓是凤毛麟角，更是缺乏高水平的学者参与。囿于这种研究现状，关于新生代农民工犯罪的观点和看法，有主观臆断之嫌，由于缺乏科学的理论支持和实证研究的证据支撑，往往经不起仔细的推敲。有些缺乏科学实证支持的观点，影响力却不小，导致新生代农民工被"污名化"，陷入身份歧视之陷阱。农民工是我国社会转型期中出现的一种重要社会阶层，在当下，农民工正在经历着代际更替。新生代农民工对我国未来二三十年的社会正义和社会稳定将产生重大影响。面对如此重大的命题，我认为非常有必要搞清楚当下新生代农民工犯罪到底是一个什么状况？新生代农民工身份认同与接受暴力规则之间到底是一种什么样的关系？现今针对新生代农民工的犯罪预防政策是否科学有效？

　　经过几年的积累，2012 年，我主持的《新生代农民工犯罪问题研究》项目获得国家社科基金项目，开启了为期 3 年的艰苦历程。在理论上，我借鉴了德国著名犯罪学家威廉·黑特姆和一般紧张理论的创立者美国著名犯罪学家罗伯特·阿格纽共同提出的社会分化理论，该理论主要用于研究国际移民犯罪问题。鉴于我国农民工犯罪问题与国际移民犯罪有许多相似之处，这也为本研究的理论借鉴提供了逻辑依据。在研究方法上，本研究采取了定量与定性相结合的实证研究方法。在研究设计和实施过程中，特别重视理论假设及指标度量。如量表的设计与修订，样本的抽样、访谈以及数据处理等细节，以确保研究过程的科学和严谨，为获取最终的科学成果奠定坚实的基础。

本项目从立项到最终完成，整整历时三年，其中甘苦，只有自己体味。在此，我首先要感谢亚洲犯罪学会会长、澳门大学刘建宏教授对我的悉心指导，帮我一起修订和完善问卷的设计。2014 年 11 月，我在杭州组织召开了公安部引智项目《国际移民犯罪与新生代农民工犯罪问题》的国际研讨会，在刘建宏教授的引荐下，我还邀请了威廉·黑特姆教授参加，让我有机会面对面地与他交流，请教社会分化理论发展及科学验证。2012 年，我在英国剑桥大学犯罪学研究所为期一学期的访学期间，让我有机会与世界顶尖的犯罪学家，斯德哥尔摩犯罪学奖获得者大卫·法林顿教授讨教。法林顿教授笑容可掬，谦逊睿智，对我的研究提出了许多非常重要的意见和建议。他严谨的治学精神，激励我在科学研究的道路上踏实前行。

本成果的最终完成，还得益于一支充满朝气的研究团队。浙江警察学院的王寅谊、丁靖艳、郑滋 、李树礼、陈建明、林海文等老师为本项目作出了许多重要的贡献，在此表示感谢。此外，还要感谢浙江省监狱学会罗振旺秘书长在本次监狱实证调查中，给予的大力支持。当然，还有许多关心和支持这一研究项目的领导、同事和朋友，无法一一列举，在此，深表谢意。

最后，我要特别感谢我的家人。书中每一字都凝聚着她们的理解和关爱。妻子在繁忙的工作之余，料理好家务，照顾年迈的父母，让我无后顾之忧，安心研究。女儿金彦子，利用暑期期间，冒着酷暑，和我一起深入城中村，帮我一同完成农民工子女"小候鸟"的调查工作。这次社会调查，对她的触动很大，让她感知到屋檐下还有另一种现实生活。我想，这是对孩子最好的教育，也是她成长中一段难忘的经历。

金　诚

二〇一五年六月于杭州

责任编辑：张　立

责任校对：陈艳华

图书在版编目（CIP）数据

新生代农民工犯罪问题研究／金诚　著．－北京：人民出版社，2015.11

ISBN 978－7－01－015577－7

I. ①新…　 II. ①金…　 III. ①民工－犯罪－研究－中国　 IV. ① D924.114

中国版本图书馆 CIP 数据核字（2015）第 279812 号

新生代农民工犯罪问题研究

XINSHENGDAI NONGMINGONG FANZUI WENTI YANJIU

金　诚 著

人民出版社 出版发行

（100706　北京市东城区隆福寺街 99 号）

北京中科印刷有限公司印刷　新华书店经销

2015 年 11 月第 1 版　2015 年 11 月北京第 1 次印刷

开本：710 毫米 × 1000 毫米 1/16　印张：15

字数：200 千字

ISBN 978－7－01－015577－7　定价：36.00 元

邮购地址 100706　北京市东城区隆福寺街 99 号

人民东方图书销售中心　电话（010）65250042　65289539